Kohlhammer

Kohlhammer Executive Education

Herausgegeben von Dieter Wagner, Stephan A. Rehder und Roya Madani

Meike Gerstmann

Wissenschaftliches Arbeiten

Verlag W. Kohlhammer

Dieses Werk wurde im Rahmen des Projektes »QUP – Qualifizierung – Unterstützung – Professionalisierung zur Gestaltung des demografischen Wandels« entwickelt. Das Projekt wird gefördert vom Bundesministerium für Bildung und Forschung im Rahmen der Initiative »Aufstieg durch Bildung: Offene Hochschulen«. Die Verantwortung für den Inhalt dieser Veröffentlichung liegt bei der Autorin.

Aus Gründen der besseren Lesbarkeit wird im Text verallgemeinernd das generische Maskulinum verwendet.

Dieses Werk einschließlich aller seiner Teile ist urheberrechtlich geschützt. Jede Verwendung außerhalb der engen Grenzen des Urheberrechts ist ohne Zustimmung des Verlags unzulässig und strafbar. Das gilt insbesondere für Vervielfältigungen, Übersetzungen, Mikroverfilmungen und für die Einspeicherung und Verarbeitung in elektronischen Systemen.

1. Auflage 2021

Alle Rechte vorbehalten
© W. Kohlhammer GmbH, Stuttgart
Gesamtherstellung: W. Kohlhammer GmbH, Stuttgart

Print:
ISBN 978-3-17-037868-1

E-Book-Formate:
pdf: ISBN 978-3-17-037869-8
epub: ISBN 978-3-17-037870-4
mobi: ISBN 978-3-17-037871-1

Für den Inhalt abgedruckter oder verlinkter Websites ist ausschließlich der jeweilige Betreiber verantwortlich. Die W. Kohlhammer GmbH hat keinen Einfluss auf die verknüpften Seiten und übernimmt hierfür keinerlei Haftung.

Inhaltsverzeichnis

Abbildungsverzeichnis 6

Tabellenverzeichnis 8

1   Wissenschaftlich arbeiten im Bereich Executive Education 9

2   Wissenschaftstheoretische Grundlagen 13
    2.1   Begriff und Aufgabe der Wissenschaft 14
    2.2   Begriff und Aufgabe der Wissenschaftstheorie 17
    2.3   Exkurs: Einordnung der Betriebswirtschaftslehre in das Wissenschaftssystem 19
    2.4   Wissenschaftstheoretische Grundbegriffe 21
    2.5   Wissenschaftstheoretische Ansätze 32
    2.6   Anwendung wissenschaftstheoretischer Grundlagen auf das wissenschaftliche Arbeiten 35

3   Theorie – Empirie – Praxis 40
    3.1   Der Stellenwert der Theorie im Zusammenspiel mit Empirie und Praxis 41
    3.2   Empirie 46
    3.3   Praxisbezug in wissenschaftlichen Arbeiten 52

4   Wissenschaftliche Methodik 58
    4.1   Anforderungen an wissenschaftliche Arbeiten 59
    4.2   Wissenschaftliche Projektplanung 65
    4.3   Wissenschaftliche Literatur lesen, verstehen und wiedergeben 80
    4.4   Strukturierung und Gliederung einer wissenschaftlichen Arbeit 98
    4.5   Mündliche Präsentation und Diskussion einer wissenschaftlichen Arbeit 109

Literatur- und Quellenverzeichnis 115

Abbildungsverzeichnis

Abbildung 1:	Zusammenhang der einzelnen Themenbereiche	12
Abbildung 2:	Übersicht zum zweiten Kapitel	13
Abbildung 3:	Die Bedeutungen von Wissenschaft	15
Abbildung 4:	Die Aufgabe der Wissenschaft	16
Abbildung 5:	Die Funktionen der Wissenschaftstheorie	18
Abbildung 6:	Typologie der Wissenschaftsdisziplinen	20
Abbildung 7:	Typologie von wissenschaftlichen Aussagen	21
Abbildung 8:	Definition als sprachlich formulierte Gleichung	24
Abbildung 9:	Hypothesen und ihre Randbedingungen (nach Popper (1994))	25
Abbildung 10:	Hypothesen, Gesetze und Theorien	30
Abbildung 11:	Theorien und Modelle	30
Abbildung 12:	Paradigma	31
Abbildung 13:	Wissenschaftstheoretische Ansätze	32
Abbildung 14:	Anwendung wissenschaftstheoretischer Grundlagen auf das wissenschaftliche Arbeiten	35
Abbildung 15:	Übersicht zum dritten Kapitel	40
Abbildung 16:	Die Theorie als Basis der wissenschaftlichen Arbeit	43
Abbildung 17:	Induktion - Deduktion	44
Abbildung 18:	Der Stellenwert der Theorie im Zusammenspiel mit Empirie und Praxis	46
Abbildung 19:	Phasen des empirischen Forschungsprozesses	48
Abbildung 20:	Der Stellenwert der Empirie im Zusammenspiel mit Theorie und Praxis	52
Abbildung 21:	Der Stellenwert der Praxis im Zusammspiel mit Theorie und Empirie	56
Abbildung 22:	Übersicht zum vierten Kapitel	58
Abbildung 23:	Quellen zur systematischen Gewinnung von Wissen	60
Abbildung 24:	Merkmale eines Projekts	66
Abbildung 25:	Der inhaltliche Aufbau eines Exposees	74
Abbildung 26:	Inhalte eines Zeitplans	77
Abbildung 27:	Wissenschaftliche Texte lesen, verstehen und wiedergeben	80
Abbildung 28:	Schnellballsystem in der Literaturrecherche	86
Abbildung 29:	Die drei Ebenen des Textverständnisses	90
Abbildung 30:	Sinngemäßes versus wörtliches Zitat	92

Abbildung 31:	Grundsätzliche Zitationsformen	97
Abbildung 32:	Formale Gestaltung einer wissenschaftlichen Arbeit	99
Abbildung 33:	Inhaltsverzeichnis	100
Abbildung 34:	Gliederung verschiedener Arten wissenschaftlicher Arbeiten	104
Abbildung 35:	Mündliche Präsentation und Diskussion einer wissenschaftlichen Arbeit	110
Abbildung 36:	Struktur einer Präsentation	111

Tabellenverzeichnis

Tabelle 1:	Kriterien zur Bewertung wissenschaftlicher Aussagen	23
Tabelle 2:	Anforderungen an Definitionen	24
Tabelle 3:	Die unterschiedlichen Arten von Hypothesen	26
Tabelle 4:	Anforderungen an Hypothesen	28
Tabelle 5:	Die Aufgaben der wissenschaftlichen Arbeit in den Realwissenschaften	36
Tabelle 6:	Anforderungen an wissenschaftliche Arbeiten	37
Tabelle 7:	Anwendung von Theorien in der wissenschaftlichen Arbeit	42
Tabelle 8:	Konzeptspezifikation und Operationalisierung	49
Tabelle 9:	Quantitative versus qualitative Forschung	51
Tabelle 10:	Anwendungsbezug in wissenschaftlichen Arbeiten	53
Tabelle 11:	Vor- und Nachteile in der Zusammenarbeit mit dem Unternehmen	56
Tabelle 12:	Aspekte der wissenschaftlichen Forschung	62
Tabelle 13:	Anforderungen an wissenschaftliche Arbeiten	63
Tabelle 14:	Das Projekt wissenschaftliche Arbeit	66
Tabelle 15:	Projektphasen einer wissenschaftlichen Arbeit	68
Tabelle 16:	Grundtypen verschiedener Fragestellungen	71
Tabelle 17:	Literaturverwaltung	81
Tabelle 18:	Literaturarten	83
Tabelle 19:	Literaturrecherche	84
Tabelle 20:	Verschiedene Lesetechniken	87
Tabelle 21:	Beispiele für wörtliche Zitate	93
Tabelle 22:	Literaturverzeichnis	102
Tabelle 23:	Einleitung	104
Tabelle 24:	Kompetenzebenen des Präsentierens	109
Tabelle 25:	Die Gestaltung einer PowerPoint-Präsentation	111
Tabelle 26:	Die Präsentation	113

1 Wissenschaftlich arbeiten im Bereich Executive Education

Executive Education

Einige Hochschulen in Deutschland haben es sich zum Ziel gemacht, ihr Studienangebot für eine größere Zielgruppe auszuweiten und neben den ›traditionell‹ Studierenden auch beruflich Qualifizierte und Studieninteressierte mit teilweise sehr unterschiedlichem Bildungsweg in ihre Studienprogramme zu integrieren. Die Führungskräfteentwicklung (›Executive Education‹) durch weiterbildende Studiengänge spielt dabei eine zentrale Rolle. In den USA oder in Großbritannien blickt der Bereich bereits auf eine längere Tradition zurück, aber auch in Deutschland gewinnt die ›Executive Education‹ an Bedeutsamkeit. Kennzeichnend für die Studienprogramme sind die flexiblen Lernformen sowie der hohe Praxisbezug. So haben auch Berufstätige die Möglichkeit, sich berufsbegleitend oder im Teilzeitstudium in ihrem Fachgebiet weiterzubilden und vertiefte theoretische Kenntnisse in ihrem Berufsfeld zu erwerben und mit ihren praktischen Erfahrungen zu verknüpfen. Durch die zunehmende Komplexität und die rasant fortschreitende Digitalisierung in der Arbeitswelt steigt auch der Bedarf an Weiterbildungen, in denen Fach- und Führungskräfte auf die anstehenden betrieblichen Veränderungen vorbereitet werden. Dem soll in den unterschiedlichen Weiterbildungsprogrammen durch die stark ausgeprägte Praxisorientierung entgegengekommen werden. Somit schlagen weiterbildende Studiengänge eine Brücke zwischen Wissenschaft und Praxis. Das hat für diejenigen Personen den Vorteil, die sich zwar akademisch weiterbilden wollen, denen aber das klassische Hochschulstudium zu wenig Bezug zu ihrer Berufspraxis bietet. Weiterbildende Masterstudiengänge bieten zudem die Möglichkeit, durch die zumeist praxiserfahrenen Dozierenden, anwendungsbezogene Beispiele, sowie aktuelle Trends und Entwicklungen in der Wirtschaft oder Gesellschaft in die Lehre einfließen zu lassen (vgl. Cendon et al. (2020), S. 7 ff.).

Im Zentrum der Führungskräfteentwicklung steht in der Regel die Entwicklung von Managementkompetenzen und damit die Fähigkeit, die arbeitsteiligen Prozesse im Betrieb zu gestalten und das Personal zu führen. Dementsprechend werden Weiterbildungsprogramme auf die unterschiedlichen Managementfunktionen ausgerichtet. Dabei können die Programme allgemein gestaltet sein (z. B. Master of Business Administration, MBA) oder auf Branchen spezialisiert werden (z. B. Master of Business Administration im Gesundheitswesen, Sportmanagement).

Dem Studienprofil zufolge kommen im Bereich ›Executive Education‹ Studierende aus unterschiedlichen Berufsfeldern und Kontexten zusammen, die spezifische Anforderungen an die Studiengestaltung stellen. Dazu gehören unter anderem die flexiblen Lernformen. Fernunterricht (engl. Distance learning) und E-Learning über Online-Plattformen nehmen dabei wesentliche Rollen ein. Präsenzveranstaltungen werden, wenn überhaupt, als Blockveranstaltungen oder Wochenendseminare gestaltet, damit auch Berufstätige daran teilnehmen können (vgl. Cendon et al. (2020), S. 36 f.). Diese Lehrgestaltung ist an die Anforderungen der Berufstätigen angepasst, erfordert von den Studierenden allerdings ein hohes Maß an Motivation, Eigenverantwortung und Selbstdisziplin, sowie ein gutes Zeitmanagement. Viele Studieninhalte müssen in Selbststudium erarbeitet werden und dann als Präsentation oder schriftliche Arbeit wiedergegeben werden. Dabei spielt die Wissenschaftlichkeit und die damit einhergehenden Anforderungen an die einzureichenden Arbeiten eine wesentliche Rolle. Teilweise müssen sich die Studierenden die Kenntnisse über diese wissenschaftlichen Qualitätskriterien ebenfalls im Selbststudium aneignen und dann in ihren wissenschaftlichen Arbeiten nachweisen. Oftmals werden diese Kenntnisse aber auch schon vorausgesetzt. Das kann bei Studierenden zu Frust und Demotivation führen, insbesondere wenn ihnen die Grundkenntnisse des wissenschaftlichen Arbeitens fehlen. Selbst nach einem abgeschlossenen Grundstudium können einzelne Aspekte und Qualitätskriterien des wissenschaftlichen Arbeitens unbekannt sein. Dies ist in der Regel dann der Fall, wenn der Studierende nach seinem Bachelorabschluss für längere Zeit beruflich tätig war und erst nach einigen Jahren in das Aufbaustudium einsteigt.

 Inhalt und Aufbau des Buchs

Dieses Buch richtet sich insbesondere an Studierende weiterbildender Masterstudiengänge, die bereits berufliche Erfahrung gesammelt haben und ihre Kenntnisse aus der Berufspraxis in ihre wissenschaftliche Arbeit einfließen lassen möchten. Gleichermaßen werden aber auch wissenschaftlich tätige Personen außerhalb des Hochschulwesens angesprochen. Das Buch möchte eine verständliche Einführung in die Wissenschaftstheorie geben und als Grundlage für die Erstellung wissenschaftlicher Arbeiten im Studium und in der Berufspraxis dienen. Leser, die sich entweder einen vertieften Einblick in die Theorie des wissenschaftlichen Arbeitens verschaffen möchten oder einer generellen Einführung in die Thematik bedürfen, werden gleichermaßen angesprochen. Das Thema wird dabei fachübergreifend behandelt und ist somit auch für interdisziplinäre Studiengänge geeignet. Der Fokus liegt allerdings auf der Betriebswirtschaftslehre, da diese in weiterbildenden Studiengängen der ›Executive Education‹ erfahrungsgemäß eine wichtige Rolle einnimmt. Es soll zudem insbesondere auch auf den bereits erwähnten Praxisbezug in weiterbildenden Studienprogrammen eingegangen werden. Oftmals entscheiden sich Studierende weiterbildender Studiengänge für eine Forschungsarbeit, die sich auf ihre berufliche Tätigkeit bezieht. Teilweise geben auch die Institutionen oder die Unternehmen, in denen die Studierenden tätig sind, ein Forschungsprojekt in Auftrag. Inwiefern die Studierenden daraus ihren Vorteil ziehen können (z. B. in Form einer empirischen Erhebung in Absprache mit dem Unternehmen), soll ebenfalls Inhalt dieses Buches sein. Dem Zusammenspiel zwischen Theorie, Empirie und Praxis im Kontext des akademischen Arbeitens wird dementsprechend eine besondere Rolle zugeschrieben.

Der Leser hat somit die Möglichkeit, neben seinen Fachkompetenzen auch seine fachübergreifenden akademischen Kompetenzen zu entwickeln und auszubauen. Dies wird ihm nicht nur für das Studium, sondern auch für die berufliche Tätigkeit von Nutzen sein.

Das Buch beginnt mit einer Einführung in die Wissenschaftstheorie. Es werden wissenschaftstheoretische Grundpositionen sowie Grundbegriffe und Konzepte des Gegenstandsbereichs vorgestellt. Aus den, in den ersten Abschnitten beschriebenen, wissenschaftstheoretischen Grundlagen ergeben sich einige wissenschaftliche Anforderungen, die im letzten Abschnitt des zweiten Kapitels erläutert werden. Die Abfassung einer schriftlichen Arbeit oder die Präsentation eines Fachthemas dient als Nachweis, dass die Ersteller wissenschaftlicher Texte diese Anforderungen kennen und in ihrer Arbeit umsetzen können.

Im dritten Kapitel wird das Zusammenspiel zwischen Theorie, Empirie und Praxis näher betrachtet. Dieses Kapitel soll dem Leser veranschaulichen in welchem Zusammenhang alle drei Teilbereiche im Kontext einer wissenschaftlichen Arbeit stehen und welche Möglichkeiten Studierende weiterbildender Studiengänge haben, ihre Berufserfahrung im wissenschaftlichen Kontext zu nutzen.

Im vierten Kapitel wird die wissenschaftliche Methodik betrachtet. Der Abschnitt folgt dabei einer bestimmten Reihenfolge an Schritten. Diese greifen in der Praxis des Verfassens einer wissenschaftlichen Arbeit ineinander und können je nach Bedarf und Einzelfall variieren. Es sei an dieser Stelle auch darauf hingewiesen, dass formale Hinweise in diesem Buch fachübergreifend dargestellt werden, Zitierweisen und bibliographische Verfahren allerdings fachgebunden sind und demnach beim Betreuer der eigenen wissenschaftlichen Arbeit erfragt werden sollten. Zudem sei an dieser Stelle darauf hingewiesen, dass die unterschiedlichen Formen wissenschaftlicher Arbeiten auch unterschiedliche Arbeitsweisen und -techniken erfordern können. Auf die unterschiedliche und projektabhängige Herangehensweise wird in diesem Buch stets eingegangen.

Beim Lesen des Buches sollten die einzelnen Kapitel nicht als unabhängige Themenbereiche betrachtet werden. Ganz im Gegenteil greifen diese wie ein Zahnrad ineinander über und ergänzen sich gegenseitig (▶ Abb. 1).

Einzelne Inhalte oder Begriffe können sich in anderen Kontexten wiederholen und werden somit in einen anderen oder erweiternden Zusammenhang gebracht. Die Gliederung des Buches sollte daher nicht als strikte Bearbeitungsabfolge gesehen werden, sondern als System aus wechselwirkenden Abschnitten, die in einem engen Zusammenhang stehen. Da die wissenschaftstheoretischen Grundlagen die Basis für das wissenschaftliche Arbeiten darstellen, wird dieses Kapitel in der Abbildung als größtes Zahnrad dargestellt. Die Erstellung einer wissenschaftlichen Arbeit setzt voraus, dass die Kriterien der Wissenschaftlichkeit bekannt sind. Zudem sind die theoretischen Grundlagen nutzbringend für den gesamten (akademischen) Lernprozess und werden somit auch innerhalb des Buches immer wieder aufgegriffen.

1 Wissenschaftlich arbeiten im Bereich Executive Education

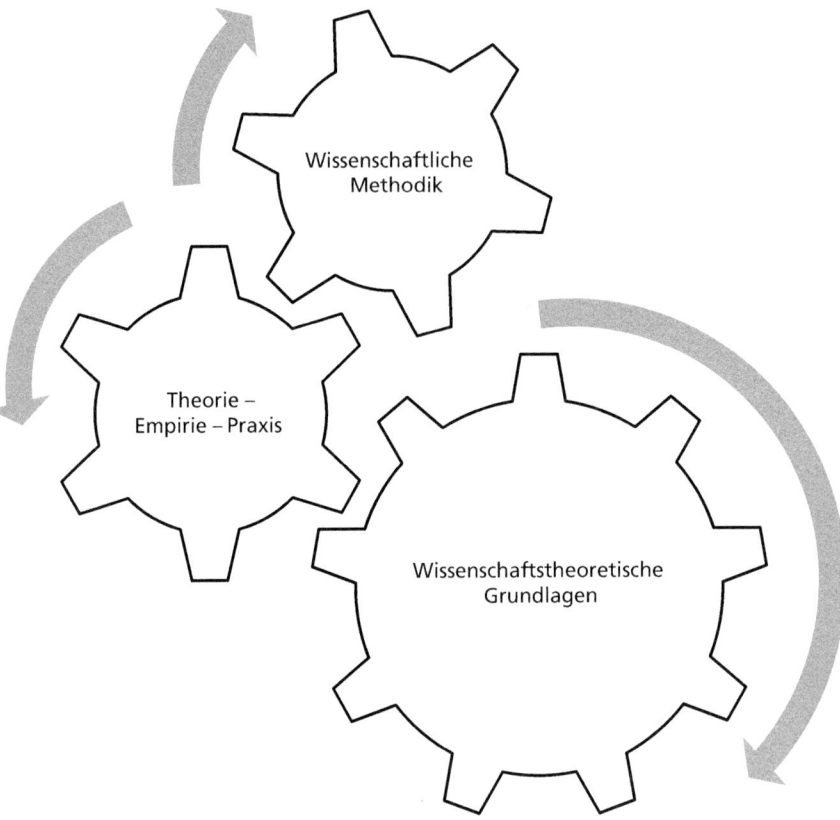

Abb. 1: Zusammenhang der einzelnen Themenbereiche

2 Wissenschaftstheoretische Grundlagen

2. Wissenschaftstheoretische Grundlagen
2.1 Begriff und Aufgabe der Wissenschaft
Drei verschiedene Bedeutungen von Wissenschaft Die Aufgabe der Wissenschaft
2.2 Begriff und Aufgabe der Wissenschaftstheorie
Die Wissenschaftstheorie als Meta-Disziplin
2.3 Exkurs: Einordnung der Betriebswirtschaftslehre in das Wissenschaftssystem
2.4 Wissenschaftstheoretische Grundbegriffe
Wissenschaftliche Aussagen — Theorien Definitionen — Modelle Hypothesen — Paradigma
2.5 Wissenschaftstheoretische Ansätze
Realismus — Empirismus Konstruktivismus — Rationalismus
2.6 Anwendung wissenschaftstheoretischer Grundlagen auf das wissenschaftliche Arbeiten
Anforderungen an wissenschaftliche Arbeiten

Abb. 2: Übersicht zum zweiten Kapitel

Die Beschäftigung mit wissenschaftstheoretischen Grundlagen scheint auf den ersten Blick ein Ballast zu sein, der angesichts der modernen anwendungsorientierten Betriebswirtschaftslehre und den straff organisierten Studienprogramme überflüssig erscheint. Die Auseinandersetzung mit der Wissenschaftstheorie ist allerdings ganz im Gegenteil eine wesentliche Voraussetzung für die wissenschaftliche Tätigkeit. Das wissenschaftliche Arbeiten erfordert einen verantwortungsbewussten Umgang mit wissenschaftlichen Erkenntnissen und Aussagen, auf denen das Studium an Hochschulen basiert. Daher sollten, in Vorbereitung auf die wissenschaftliche Tätigkeit, neben den Fachkenntnissen des Studiums auch Kenntnisse der wissenschaftlichen Theorie, Methodik und Arbeitsweise erworben werden, um einen verantwortungsbewussten Umgang mit wissenschaftlichen Erkenntnissen zu sichern und um neue Erkenntnisse zu gewinnen. Die Wissenschaftstheorie »durchleuchtet [...] die Wissenschaftspraxis und entwickelt Kataloge von Anforderungen, denen die Wissenschaften, d. h. das wissenschaftliche Problemlösungsverhalten und seine Ergebnisse genügen sollen« (Raffée/ Abel (1979), S. 1). Das Auseinandersetzen mit der Wissenschaftstheorie und dementsprechend mit der Begrifflichkeit der Wissenschaft sowie mit den wissenschaftstheoretischen Ansätzen und der wissenschaftlichen Methodologie, stellt eine Grundlage für die Erstellung einer eigenen wissenschaftlichen Arbeit sowie für die Entwicklung einer eigenen wissenschaftstheoretischen Position dar. Insbesondere im fortgeschrittenen Studium spielen diese wissenschaftlichen Kenntnisse eine wesentliche Rolle, wenn die Forschungsergebnisse an die Öffentlichkeit getragen werden (bspw. Masterarbeiten, Dissertationen, Beiträge für wissenschaftliche Fachzeitschriften). Die Forschungsarbeiten müssen spätestens zu diesem Zeitpunkt den wissenschaftlichen Anforderungen entsprechen und die allgemein anerkannten Qualitätskriterien erfüllen. In diesem Kapitel werden dementsprechend zunächst die wissenschaftstheoretischen Grundbegriffe geklärt, bevor die für die wissenschaftliche Arbeit in den Sozial- und Wirtschaftswissenschaften wesentlichen wissenschaftstheoretischen Ansätze dargestellt werden. Beide Abschnitte stellen die Grundlage für die Anforderungen an wissenschaftliche Arbeiten dar, die im letzten Abschnitt dieses Kapitels besprochen werden sollen.

2.1 Begriff und Aufgabe der Wissenschaft

Das Ziel der Wissenschaft ist es, durch systematische Vorgehensweise Erkenntnisse zu gewinnen und somit neues Wissen zu generieren. Dabei unterscheidet sich dieses Wissen vom Alltagswissen im Aspekt der Vorgehensweise bzw. im Generierungsprozess. Das wissenschaftliche Wissen hat im Gegensatz zum Alltagswissen den Anspruch, der intersubjektiv überprüfbaren Wahrheit zu entsprechen und erfordert dementsprechend eine nachvollziehbare Systematik im Generierungsprozess. Auf diese Weise können Dritte den Wahrheitsgehalt und die Richtigkeit einer wissenschaftlichen Aussage überprüfen. Wissenschaftliches Wissen kann dementsprechend auch als »objektives Wissen« (allgemeingültiges, subjekt- bzw. personenunabhängiges) verstanden werden. Dieses Wissen rechtfertigt sich im wissenschaftlichen Diskurs aber nur so lange, wie es nicht widerlegt wird (Falsifikationsprinzip nach Popper) (vgl. Popper (1994) und Pfriem (2004), S. 293).

Bedeutungen von Wissenschaft
Nach Raffée (1974) wird der Wissenschaftsbegriff in drei verschiedenen Bedeutungen verwendet (▶ Abb. 3).

Zunächst kann mit dem Begriff ›Wissenschaft‹ eine Tätigkeit gemeint sein, die das Ziel hat, Wissen zu generieren. Die Wissenschaft wird hierbei als Prozess gesehen, durch den neue Erkenntnisse gewonnen werden. Sie ist also auf die »Vergrößerung unseres Wissensvorrats« (Raffée (1974), S. 13) gerichtet. Durch die Wissenschaft

2.1 Begriff und Aufgabe der Wissenschaft

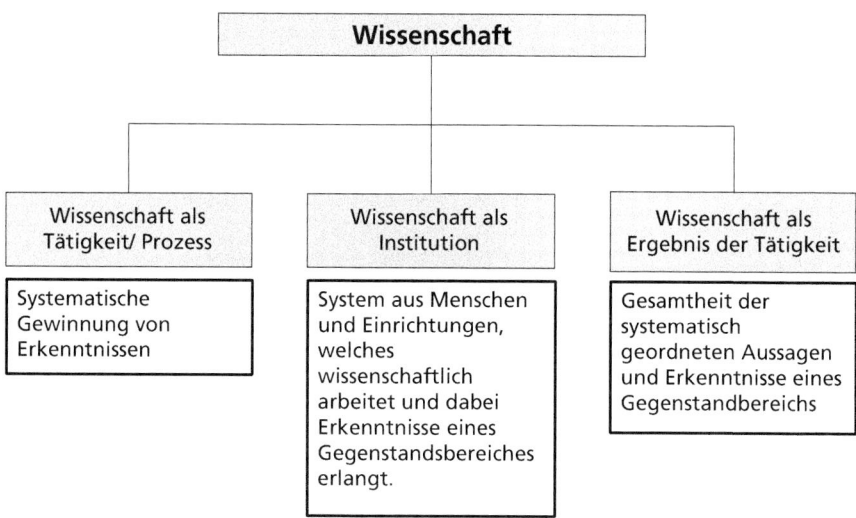

Abb. 3: Die Bedeutungen von Wissenschaft (Quelle: In Anlehnung an Raffée (1974), S. 13)

werden neue Theorien aufgestellt, bestehende Theorien durch Überprüfung widerlegt oder verifiziert und weiterentwickelt. Die Vorgehensweise im Forschungsprozess muss dabei systematisch und nachvollziehbar erfolgen, damit eine Überprüfbarkeit gewährleistet wird.

Die Wissenschaft kann weiterhin als Institution und somit als ein aus Menschen und Einrichtungen bestehendes System betrachtet werden, welches systematisch arbeitet und dabei Erkenntnisse eines Gegenstandsbereiches erlangt. Hierbei sind als Beispiele die Universitäten und private Forschungseinrichtungen zu nennen. Über die Hochschulen wird das in der wissenschaftlichen Tätigkeit ermittelte Wissen systematisch weitergegeben. Dabei ist anzumerken, dass die Hochschulen nicht zuletzt durch die Globalisierung der Wissenschaft nicht nur in Konkurrenz untereinander, sondern auch zu den vielfältigen privaten Forschungseinrichtungen geraten sind. Internationale Rankinglisten und die Vergabe von ›Dritt‹-Mitteln durch Firmen oder Stiftungen an ausgewählte Forschungsprojekte haben die wissenschaftlichen Institutionen in einen internationalen Wettbewerb treten lassen. Das hat einerseits Vorteile, weil die Forschung dadurch angekurbelt wird; der Wettbewerb hat aber andererseits auch Nachteile, weil Forschende dadurch unter Druck geraten können, ihre Forschungsergebnisse ohne gründliche Überprüfung zu veröffentlichen, da ihnen zum einen zeitliche und zum anderen finanzielle Rahmen vorgegeben werden.

Zuletzt kann die Wissenschaft auch als Ergebnis der Tätigkeit betrachtet werden. Sie beschreibt dabei »die Gesamtheit an **Erkenntnissen** über einen Gegenstandsbereich [...], die in einem **Begründungszusammenhang** stehen« (Kornmeier (2007), S. 4 f.). Dabei ist anzumerken, dass die Ausdifferenzierung der Gegenstandsbereiche immer stärker zunimmt. Dieses Phänomen lässt sich nicht zuletzt auch an der Vielzahl an verschiedenen Studienmöglichkeiten ausmachen.

Nach Raffée (1974) wird bei dieser Begriffsbestimmung zwischen einer subjektiven und einer objektiven Betrachtungsweise unterschieden:

> »In der subjektiven Bedeutung des Wortes ist Wissenschaft ein systematisch geordnetes und/oder systematisch reflektiertes Wissen, über das ein individuelles menschliches Subjekt in seinem Bewußtsein verfügt. Objektiv gesehen ist Wissenschaft ein systematisch geordnetes Gefüge von Sätzen.« (Raffée (1974), S. 13)

Die systematische Zuordnung und Reflektion bzw. das systematische Vorgehen, um wissenschaftliche Sätze zu gewinnen, sind die wesentlichen Kriterien der Wissenschaftlichkeit und somit spezifische Anforderungen an das wissenschaftliche Arbeiten, die in Abschnitt 2.6 näher erläutert werden sollen.

 Die Aufgabe der Wissenschaft

Wissenschaft
1. Benennung und Beschreibung von Phänomenen bzw. Problemen
2. Erklärung und Prognose von Phänomenen bzw. Problemen
3. Formulierung von allgemeingültigen Aussagen
4. Entwicklung von problemlösenden Handlungsoptionen

Reine Wissenschaft
Grundlagenforschung
(basic research)
Fokus: theoretische Zusammenhänge und Erklärungen

Angewandte Wissenschaft
Anwendungsbezogene Forschung
(applied research)
Fokus: Bedürfnisse der Praxis

Zweckfreiheit versus Zweckgebundenheit

Abb. 4: Die Aufgabe der Wissenschaft (Quelle: Eigene Darstellung in Anlehnung an Raffée (1974), S. 13 und Helfrich (2016), S. 21 f.)

Allgemein gesehen können der Wissenschaft vier wesentliche Aufgaben zugeschrieben werden: Sie hat zum einen die Aufgabe, Phänomene bzw. Probleme zu benennen und zu beschreiben. Des Weiteren hat sie die Aufgabe, Phänomene bzw. Probleme zu erklären und Prognosen abzugeben. Neben der Formulierung von allgemeingültigen Aussagen, die nicht nur für Einzelfälle, sondern für eine Vielzahl von Fällen gültig sind, hat sie weiterhin die Aufgabe, problemlösende Handlungsoptionen zu entwickeln, um bestehenden Problemen besser zu begegnen. Dabei hat die Wissenschaft stets den Anspruch

›wahr‹ zu sein. Das bedeutet, dass die wissenschaftlichen Aussagen, die gemacht werden, mit der Realität übereinstimmen sollen (intersubjektive Überprüfbarkeit).

Raffée (1974) unterscheidet im Hinblick auf die Aufgabe der Wissenschaft als solches bezüglich der Zweckgebundenheit. Er differenziert demnach die ›reine‹ Wissenschaft (Grundlagenforschung/ basic research) von der angewandten Wissenschaft (anwendungsbezogene Forschung/ applied research). Dabei ist zu beachten, dass keine eindeutige Trennung vorgenommen werden kann, sondern sich beide Elemente in bestimmten Aufgabenbereichen überschneiden können. Während die Grundlagenforschung an keinen bestimmten Zweck gebunden ist (Zweckfreiheit), wendet sich die anwendungsbezogene Forschung einer konkreten Problemstellung zu (Zweckgebundenheit) (vgl. Raffée (1974), S. 13).

> Die »Grundlagenforschung legt ihr Gewicht auf die Produktion und Vermehrung von möglichst allgemeingültigem Wissen, auf die verallgemeinerbare Beschreibung (Diagnose) und Erklärung [...] [von] Sachverhalte[n] und Zusammenhänge[n]. Nicht der einzelne Fall, sondern die generelle Tendenz steht im Vordergrund des Interesses. Im Unterschied dazu soll anwendungsorientierte Forschung Ergebnisse liefern, die beim aktuellen Entscheidungsprozeß [sic!] verwertet werden können. Nicht abstrakte Zusammenhänge (»Gesetzmäßigkeiten«) stehen im Vordergrund, sondern die Anwendbarkeit der Befunde auf einen aktuellen Fall oder auf eine Klasse gleichartiger Fälle.« (Kromrey (2009), S. 11)

In der Betriebswirtschaftslehre lassen sich diesbezüglich zwei Positionen ausmachen: Die Vertreter der reinen Wissenschaft postulieren den Erkenntnisfortschritt als wichtigste Aufgabe der Wissenschaft. Sie hat damit eine rein theoretische bzw. erklärende Funktion. Für die Vertreter der angewandten Wissenschaft steht die praktische Umsetzbarkeit der Erkenntnisse im Mittelpunkt der Wissenschaft (vgl. Kornmeier (2007), S. 22).

Der Trend hin zu einer anwendungsbezogenen Forschung ist auch an deutschen Universitäten wahrnehmbar. Nicht zuletzt da den Hochschulen ›Dritt‹-Mittel zur Finanzierung von Forschungsprojekten durch Unternehmen oder Stiftungen angeboten werden, um Forschungen in ihrer jeweiligen Branche oder in ihrem Tätigkeitsbereich zu unterstützen. Weiterbildende Studienprogramme, die einen starken Praxisbezug aufweisen, sind nur eines von vielen Beispielen.

2.2 Begriff und Aufgabe der Wissenschaftstheorie

Wissenschaftstheorie als Meta-Disziplin

Die Wissenschaftstheorie kann als ›Lehre von der Wissenschaft‹ oder als ›Wissenschaftswissenschaft‹ bzw. ›Metawissenschaft‹ definiert werden, denn ihr zu untersuchender Objektbereich ist die Wissenschaft selbst. Sie »formuliert [dementsprechend] Aussagen über die Wissenschaft« (Raffée (1974), S. 17). Damit kann die Wissenschaftstheorie in eine Reihe von weiteren metawissenschaftlichen Unterdisziplinen eingeordnet werden, die sich ebenfalls mit dem Objekt Wissenschaft beschäftigen. Dazu gehören u. a. die Wissenschaftspsychologie, die Wissenschaftsgeschichte, die Wissenschaftssoziologie, die Wissenschaftslogik, die Wissenschaftsmethodologie und die Wissenschaftsphilosophie. Die Wissenschaftstheorie kann hierbei als Verbindung der Disziplinen Wissenschaftslogik und Wissenschaftsmethodologie angesehen werden. Trotz der Abgrenzung zu den anderen Metadisziplinen kommt es insbesondere im Bereich der Wissenschaftsphilosophie zu zahlreichen Überschneidungen (vgl. Esser (1977), S. 13).

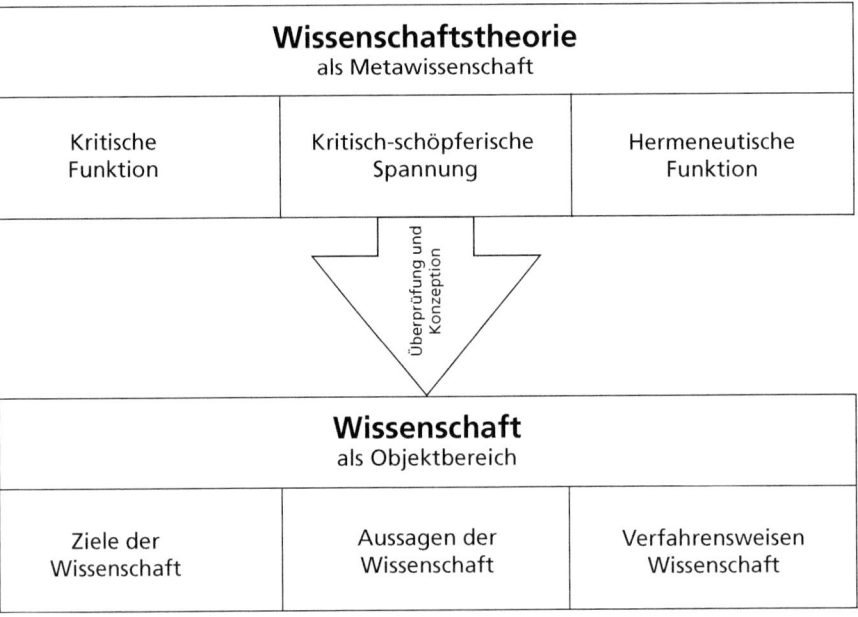

Abb. 5: Die Funktionen der Wissenschaftstheorie (Quelle: Eigene Darstellung in Anlehnung an Raffée/ Abel (1979), S. 1 ff.)

Die Wissenschaftstheorie erfüllt unterschiedliche Funktionen: Sie beschäftigt sich mit der wissenschaftlichen Erkenntnis, »macht Aussagen über die Ziele der Wissenschaften, über ihre Aussagen (Aussagensysteme) und ihre grundlegenden Verfahrensweisen (Methoden)« (Raffée/ Abel (1979), S. 1). Nach Raffée und Abel (1979) hat die wissenschaftstheoretische Reflexion dabei zwei wesentliche Funktionen: Sie hat einerseits eine kritische Funktion, indem sie die Wissenschaftspraxis kritisch durchleuchtet und auf Schwierigkeiten in der Praxis aufmerksam macht; andererseits hat die wissenschaftstheoretische Reflexion eine hermeneutische Funktion, indem sie systematisch ausgearbeitete Konzeptionen zur besseren Bewältigung der Problemstellungen in der Wissenschaftspraxis entwickelt (vgl. Abel (1979), S. 1 f.).

»Ausgehend von diesen zwei Funktionen ist es die grundlegende Aufgabe der Wissenschaftstheorie, eine kritisch-schöpferische Spannung zwischen neuen Wissenschaftskonzeptionen und den in der Wissenschaftspraxis wirksamen tradierten Orientierungen herzustellen, eine kritisch-schöpferische Spannung, die als ein wichtiges Stimulanz des wissenschaftlichen Fortschritts – im Sinne eines Fortschreitens zu leistungsfähigeren Problemlösungsalternativen – angesehen werden kann.« (Raffée/ Abel (1979), S. 2)

Es besteht Uneinigkeit unter den Wissenschaftlern, ob es nur eine allgemeine Wissenschaftstheorie geben kann oder ob diese bezogen auf die einzelwissenschaftlichen Disziplinen differenziert betrachtet werden sollte, da der Gegenstandsbereich der Wissenschaftsdisziplinen die erkenntnistheoretischen sowie die methodischen Annahmen der Wissenschaftstheorie beeinflusst.

2.3 Exkurs: Einordnung der Betriebswirtschaftslehre in das Wissenschaftssystem

Wie in Kapitel 2.1 beschrieben kann die Wissenschaft als Ergebnis der Tätigkeit und damit als systematisch geordnetes Gefüge von Sätzen betrachtet werden. Nach dieser Betrachtungsweise wird die Wissenschaft in verschiedene Formen unterteilt. Die einzelnen Wissenschaftsformen werden auch als ›Disziplinen‹ bezeichnet und unterscheiden sich insbesondere hinsichtlich ihres Gegenstandsbereiches. Während es sich bei der Wissenschaftstheorie um eine Metawissenschaft handelt, werden in diesem Abschnitt die Objektwissenschaften, d. h. die wissenschaftlichen Disziplinen, die nicht die Wissenschaft selbst als Gegenstandsbereich haben, betrachtet. Die wissenschaftlichen Disziplinen können zusätzlich in Bezug auf ihre Methoden und Zielsetzungen differenziert werden (vgl. Helfrich (2016), S. 4). In Abbildung 6 werden die Zusammenhänge der einzelnen wissenschaftlichen Disziplinen als Übersicht dargestellt.

Hinsichtlich des Gegenstandsbereiches lassen sich zunächst die Formalwissenschaften von den Realwissenschaften unterscheiden. Die Formalwissenschaften beschäftigen sich vorwiegend mit Methoden (z. B. die Logik und die Mathematik) wohingegen sich die Realwissenschaften mit realen Phänomenen beschäftigen (vgl. Kornmeier (2007), S. 14). Da sich die Realwissenschaften bei der Formulierung von Aussagen der Methoden und Prinzipien der Formalwissenschaften bedienen, besteht trotz der Differenzierung ein Zusammenhang zwischen beiden Wissenschaftsbereichen. Die Realwissenschaften lassen sich wiederum in die Naturwissenschaften und in die Geistes- bzw. Kulturwissenschaften untergliedern. »Kultur (›cultura animi‹) bezeichnet dabei – vereinfacht gesprochen – das von Menschen originär Geschaffene oder absichtlich Gepflegte, wohingegen die Natur »selbst entstanden« ist.« (Kornmeier (2007), S. 15) Oftmals wird anstelle von Kulturwissenschaften auch der Begriff Geisteswissenschaften verwendet. Die Wirtschaftswissenschaften sind ein Teilbereich der Kultur- bzw. Geisteswissenschaften. Während die Volkswirtschaftslehre eine gesamtwirtschaftliche Perspektive einnimmt und dabei beispielsweise das Handeln von Wirtschaftssubjekten an Märkten betrachtet, nimmt die Betriebswirtschaftslehre eine einzelwirtschaftliche Perspektive ein. Sie untersucht beispielsweise, wie Menschen in Unternehmen handeln und wie daraus Handlungsweisen von Unternehmen

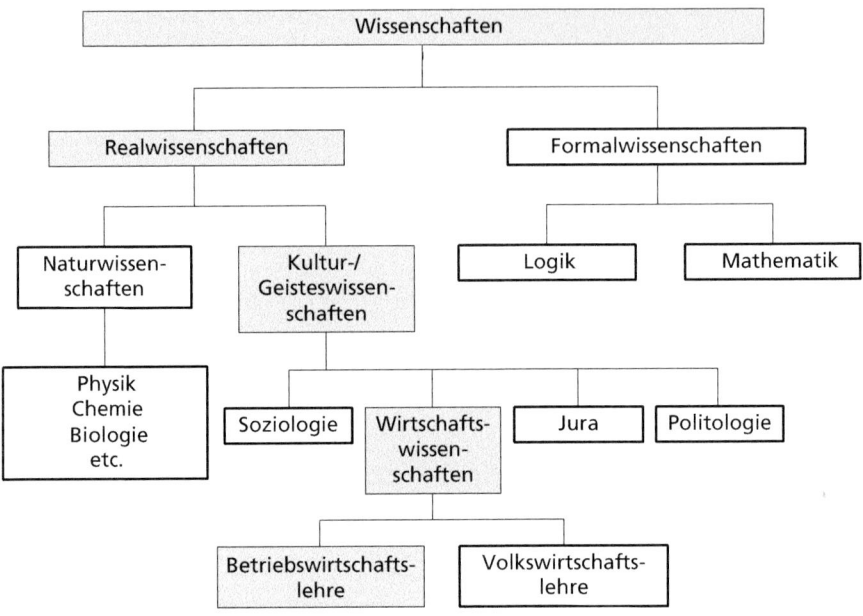

Abb. 6: Typologie der Wissenschaftsdisziplinen (Quelle: In Anlehnung an Raffée (1974), S. 13)

entstehen. Sie hat den Anspruch, durch empirische Beobachtung der Verhaltensweisen, Handlungsempfehlungen für Unternehmen zu entwickeln. Die Abgrenzung der Volks- zur Betriebswirtschaftslehre ist allerdings nicht ganz eindeutig. Die in der Volkswirtschaftslehre angesiedelte Mikroökonomik beschäftigt sich mit einzelwirtschaftlichen Subjekten. Neben den privaten Haushalten und Konsumenten zählen hierzu auch die Unternehmen. Das wirtschaftliche Handeln von Unternehmen ist demnach Gegenstand der Mikroökonomik und der Betriebswirtschaftslehre. Eine eindeutige Abgrenzung ist demnach nicht möglich (vgl. Kornmeier (2007), S. 16).

Neben dem Abgrenzungsproblem zur Volkswirtschaftslehre besteht eine Kontroverse bezüglich des Selbstverständnisses der Betriebswirtschaftslehre. So wird diskutiert, ob die Betriebswirtschaftslehre als reine Wissenschaft oder als angewandte Wissenschaft betrachtet werden soll.

Die Betriebswirtschaftslehre bedient sich insbesondere im Bereich der Forschungsmethodik und der Theorienbildung einer Reihe von Nachbardisziplinen. Beispielsweise rekurriert die Betriebswirtschaftslehre auf Theorien und Forschungsmethoden der Sozialwissenschaften. Durch die Kombination mit anderen Wissenschaftsdisziplinen können unter anderem neue Forschungsfragen und damit neue Forschungsfelder entwickelt werden. Als Beispiele können hier die Wirtschaftsinformatik oder die Wirtschaftspädagogik genannt werden. Die Überschneidungen zwischen den Disziplinen existieren insbesondere in interdisziplinären Studiengängen und anwendungsbezogenen Programmen. Daher kann teilweise keine klaren Abgrenzungen zwischen den Disziplinen vorgenommen werden.

2.4 Wissenschaftstheoretische Grundbegriffe

An dieser Stelle soll ein Überblick über wissenschaftstheoretische Grundbegriffe gegeben werden, die die Basis zum Verständnis der wissenschaftlichen Methodik bilden.

Aussagen

Im Mittelpunkt wissenschaftlicher Tätigkeit stehen Aussagen, die über reale Sachverhalte getroffen werden. Aussagen werden in der Wissenschaft, im Gegensatz zu alltäglichen Aussagen, durch eine systematische Herangehensweise getroffen (vgl. Helfrich (2016), S. 29). In der Wissenschaftstheorie werden zahlreiche Arten von Aussagen unterschieden, von denen einzelne in Abbildung 7 dargestellt und anschließend skizziert werden sollen.

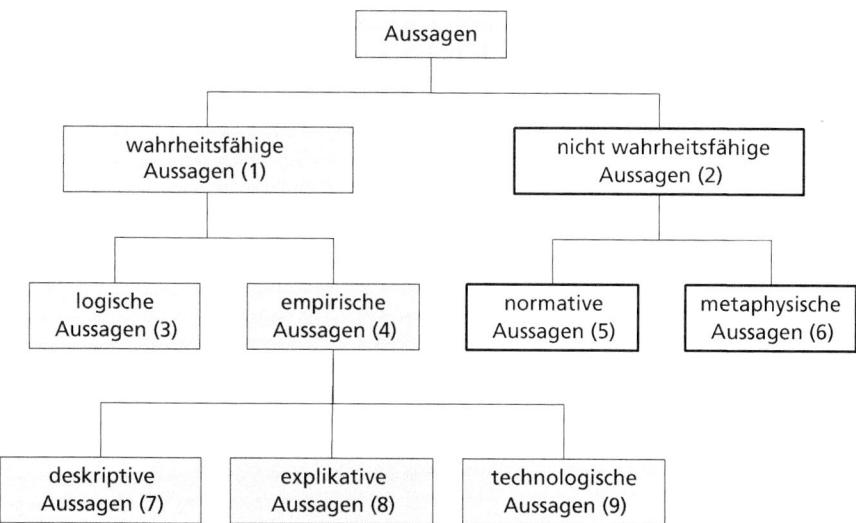

Abb. 7: Typologie von wissenschaftlichen Aussagen (Quelle: In Anlehnung an Kornmeier (2007), S. 46; Konegen/ Sondergeld (1985), S. 31)

Zunächst werden Aussagen in wahrheitsfähige Aussagen (1) und in nicht wahrheitsfähige Aussagen (2) unterschieden. Wahrheitsfähige Aussagen können im Gegensatz zu nicht wahrheitsfähigen Aussagen anhand des Wahrheitskriteriums überprüft werden. Als Prüfinstanz für die Wahrheit kann dabei einerseits die Realität dienen (empirische Aussagen (4)) oder die logische Konsistenz (logische Aussagen (3)) (vgl. Raffée (1974), S. 29). Logische Aussagen werden überwiegend in den Formalwissenschaften getroffen. Sie beschreiben formale Zusammenhänge, die anhand von genau bestimmten Symbolen (bspw. Zahlen) ausgedrückt werden. Logische Aussagen werden oftmals auch in andere Wissenschaftsdisziplinen übertragen, wobei zu beachten ist, dass sie nicht immer die realen Zusammenhänge erklären können. Mathematische Modelle können bspw. in der Betriebswirtschaftslehre übernommen werden, dabei erheben sie aber nicht den Anspruch in der Realität in genau der beschriebenen Art und Weise einzutreffen (vgl. Konegen/ Sonderfeld (1985), S. 29 f.). Die empirischen Aussagen sind überprüfbar, indem sie mit der Realität konfrontiert werden. Sie lassen sich wiederum in deskriptive Aussagen (7), explikative Aussagen (8) und technologische Aussagen (9) untergliedern. Deskriptive Aussagen beschreiben einzelne Sachverhalte und haben stets einen speziellen Raum-Zeit-Bezug. Der beschriebene Sachverhalt ist demnach zu einer bestimmten Zeit in einem bestimmten Raum zu beobachten. Sie müssen intersubjektiv, also von jedem sachverständigen Dritten durch eigene Beobachtung in der Richtigkeit überprüfbar sein. Explikative Aussagen sind erklärende Sätze. Sie beziehen sich auf einen umfassenderen Ausschnitt der Realität und haben in ihrer strengen Form keinen Raum-Zeit-Bezug; sie gelten demnach immer und überall (vgl. Raffée (1974), S. 30; Kornmeier (2007), S. 49). Oftmals und besonders in der empirischen Forschung treten explikative Aussagen in Kombination mit deskriptiven Aussagen (als Rand- bzw. Antezedenz-Bedingungen) auf. So können aus theoretischen Gesetzmäßigkeiten bestimmte Sachverhalte auf logisch-deduktivem Weg abgeleitet werden (deduktiv-nomologische Erklärungen). Technologische Aussagen können auch als Ziel-Mittel-Aussagen bezeichnet werden. Sie geben die Mittel vor, mit denen ein bestimmtes Ziel erreicht werden kann (vgl. Kornmeier (2007), S. 55).

Bei den nicht wahrheitsfähigen Aussagen lassen sich die beiden Kategorien normative Aussagen (5) und metaphysische Aussagen (6) unterscheiden. Normative Aussagen sind ›Soll-Aussagen‹ und geben eine bestimmte Handlungsempfehlung vor. Die Folgen der Ziele und die eingesetzten Mittel können bei normativen Aussagen lediglich diskutiert und nicht, wie bei wahrheitsfähigen Aussagen, überprüft werden. Metaphysische Aussagen sind wissenschaftlich nicht prüfbar und demnach für die Empirie gehaltlos. Sie können allerdings Denkanstöße für die Formulierung realwissenschaftlicher Theorien geben (vgl. Kornmeier (2007), S. 47).

Verfasser wissenschaftlicher Arbeiten sind der Wahrheit verpflichtet. Aussagen sollten demnach nicht willkürlich von anderen Wissenschaftlern übernommen, sondern vom Autor kritisch hinterfragt und bewertet werden, bevor sie in der eigenen Arbeit wiedergegeben werden. Das Bewertungsschema bzw. die Bewertungskriterien sollten dabei transparent und nachvollziehbar gemacht werden. Hierbei sind die Fragen, ob die Argumentation logisch und die Aussage grundsätzlich widerlegbar sowie empirisch prüfbar ist und ob sie im Einklang mit bewährten Aussagen steht zu beantworten (vgl. Kornmeier (2007), S. 57).

In Tabelle 1 werden Kriterien dargestellt, nach denen wissenschaftliche Aussagen Dritter bzw. auch die eigenen Aussagen geprüft werden sollten.

Definitionen

»Wissenschaften – gleich welcher Richtung – arbeiten nie mit konkreten Ereignissen an sich, sondern immer mit in Sprache gefasster Realität, mit Aussagen über die Realität.« (Schnell et al. (2018), S. 40) Begriffe, die diese in der Realität beobachtbaren

Tab. 1: Kriterien zur Bewertung wissenschaftlicher Aussagen (Quelle: Eigene Darstellung in Anlehnung an Kornmeier (2007), S. 57 ff.)

Gültigkeit	Sind die übernommenen Informationen gültig (= valide) und verlässlich (= reliabel)? Dabei sollten auch die Aussagen von vermeintlich oft zitierten Autoren kritisch hinterfragt werden. Im Falle des Zweifels an einer in der Literatur gefundenen Aussage, sollte dies dargelegt und begründet werden, denn auch dieses Vorgehen kann die Wissenschaft voranbringen. Durch das Hinterfragen der verwendeten Datenbasis kann die Validität der übernommenen Aussage geprüft werden.
Überprüfbarkeit	Sind die (übernommenen) Informationen überprüfbar und kritisierbar? Die Aussagen müssen für den Leser nachvollziehbar sein; d. h. dass die verwendeten Quellen angegeben werden müssen damit der Leser prüfen kann, dass die Informationen nicht aus ihrem ursprünglichen Kontext herausgerissen wurden. Kundige Dritte müssen bei der Anwendung der gleichen Methoden zu den gleichen Ergebnissen kommen können.
Reichweite	Sind die Aussagen generalisierbar und auf einen anderen Kontext übertragbar? Der Autor muss die Reichweite seiner Aussage durch Analyse des Kontexts überprüfen. Je mehr Phänomene anhand der Aussage erfasst und erklärt werden, desto besser ist auch die Theorie, auf die sich die Aussage bezieht.
Kausalität	Besteht zwischen den in einer Aussage genannten Variablen ein kausaler Zusammenhang? Die kausale Beziehung zwischen den Variablen muss (empirisch) geprüft werden und anhand theoretischer Anhaltspunkte untermauert werden.

Ereignisse und Zustände in der Sprache wiedergeben, werden mit Hilfe von Definitionen eingeführt und präzisiert. Definitionen stellen dementsprechend eine Beziehung zwischen dem Begriff und dem komplexen Ausdruck bzw. dem Vorstellungsinhalt her. Sie legen als Verknüpfungsformel fest, dass »der neu einzuführende Terminus (Definiendum) dieselbe Bedeutung haben soll wie der im Definiens [dem definierenden Zeichen] stehende komplexe Ausdruck, wobei vorausgesetzt wird, daß [sic!] die einzelnen Termini des Definiens in ihrer Bedeutung bekannt sind« (Raffée (1974), S. 27). Somit ist jede Definition prinzipiell eine sprachlich formulierte Gleichung (▸ Abb. 8).

Dabei ist zu beachten, dass je nach wissenschaftlicher Disziplin verschiedene Definitionen für ein Erkenntnisobjekt bestehen können. Diese Vielfalt entsteht durch die unterschiedlichen Betrachtungsweisen der wissenschaftlichen Disziplinen auf das Erkenntnisobjekt. Die Betriebswirtschaftslehre wird den Begriff ›Internationalisierung‹ auf den Betrieb bezogen beispielsweise anders definieren als die Politikwissenschaft. Um eine Begriffsverwirrung zu vermeiden, sollten die in der wissenschaftlichen Arbeit genutzten Begriffe für den eigenen Gebrauch definiert und eingegrenzt werden (vgl. Konegen/ Sondergeld (1985), S. 46).

An Definitionen werden folgende Anforderungen gestellt (▸ Tab. 2).

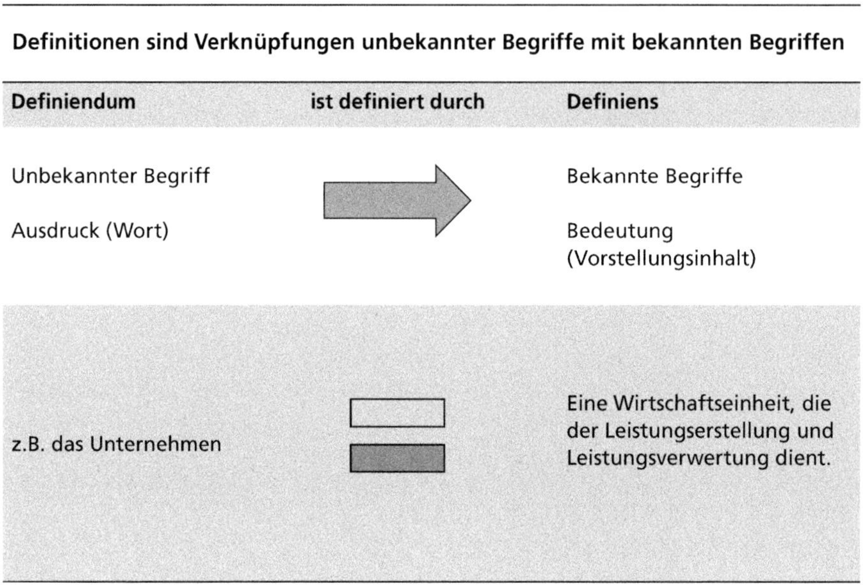

2 Wissenschaftstheoretische Grundlagen

Definitionen sind Verknüpfungen unbekannter Begriffe mit bekannten Begriffen

Definiendum	ist definiert durch	Definiens
Unbekannter Begriff	⟹	Bekannte Begriffe
Ausdruck (Wort)		Bedeutung (Vorstellungsinhalt)
z.B. das Unternehmen	=	Eine Wirtschaftseinheit, die der Leistungserstellung und Leistungsverwertung dient.

Abb. 8: Definition als sprachlich formulierte Gleichung (Quelle: In Anlehnung an Raffée (1974), S. 27)

Tab. 2: Anforderungen an Definitionen (Quelle: Eigene Darstellung in Anlehnung an Kornmeier (2007), S. 69 ff.)

Eindeutigkeit	Eine Definition muss eindeutig formuliert sein, um bspw. Homonyme auszuschließen.
Sprachgebrauch	Eine Definition sollte dem Sprachgebrauch entsprechen und fachspezifisch formuliert sein. Allgemeingültige Formulierungen können zu Begriffsverwirrung führen, da die verschiedenen Wissenschaftsdisziplinen denselben Begriff unterschiedlich verwenden können.
Zweckmäßigkeit	Eine Definition muss hinsichtlich ihres Zwecks brauchbar sein. Sie ist abhängig vom jeweiligen Sachverhalt, der betrachtet wird und muss dementsprechend abgegrenzt werden.
Konsistenz	Eine Definition sollte den betrachteten Gegenstand für die gesamte Arbeit konsistent abgrenzen.

Es ist dabei zu beachten, dass eine Definition nicht den Anspruch erhebt, ›wahr‹ oder ›falsch‹ zu sein, da sie immer nur in einem eingegrenzten Zusammenhang Verwendung findet und zudem keine Aussage darüber trifft, ob das beschriebene Objekt in der Realität existiert. Zudem kann eine Definition nicht ›vollständig‹ sein. Die in der Definition verwendeten Termini müssten ansonsten ihrerseits wieder definiert werden, was zu einer unendlichen Kette an Definitionen führen würde (›definitorischer Regress‹) (vgl. Kornmeier (2007), S. 72 f.).

Hypothesen

Eine Hypothese ist im Allgemeinen eine Annahme bzw. Vermutung über einen Sachverhalt. Im sozialwissenschaftlichen Kontext enthält die Annahme dabei Aussagen über den Zusammenhang zwischen zwei oder mehreren Variablen (Merkmale oder Eigenschaften), die den Sachverhalt charakterisieren. Um als wissenschaftliche Hypothese zu gelten, muss die Annahme darüber hinaus auf einen realen Sachverhalt bezogen sein, über den Einzelfall hinausgehen und durch Erfahrungsdaten widerlegbar sein (vgl. Bortz/ Döring (2006), S. 4). In den Sozial- und Wirtschaftswissenschaften handelt es sich dabei in der Regel um probabilistische Hypothesen, d. h. die in der Hypothese formulierten Zusammenhänge zwischen den Variablen treten nur mit einer gewissen Wahrscheinlichkeit auf. Dementsprechend spielt die Statistik und die Wahrscheinlichkeitsrechnung in beiden Wissenschaftsdisziplinen eine wesentliche Rolle. Die Überprüfung der Gültigkeit einer Hypothese ist also Gegenstand der wissenschaftlichen Forschung.

Da es sich bei Hypothesen um sogenannte ›allgemeine Sätze‹ handelt (vgl. Popper (1994), S. 32), die keinen räumlichen oder zeitlichen Bezug stellen, müssen ergänzend die Randbedingungen (›besonderen Sätze‹, deskriptive Aussagen) genannt werden, unter denen eine Hypothese Gültigkeit hat. Diese müssen klar definiert werden, so dass ihre Überprüfbarkeit gewährleistet wird. Die Zusammenhänge der Variablen sowie die Beziehung zwischen Hypothese und Randbedingung soll in Abbildung 9 dargestellt werden.

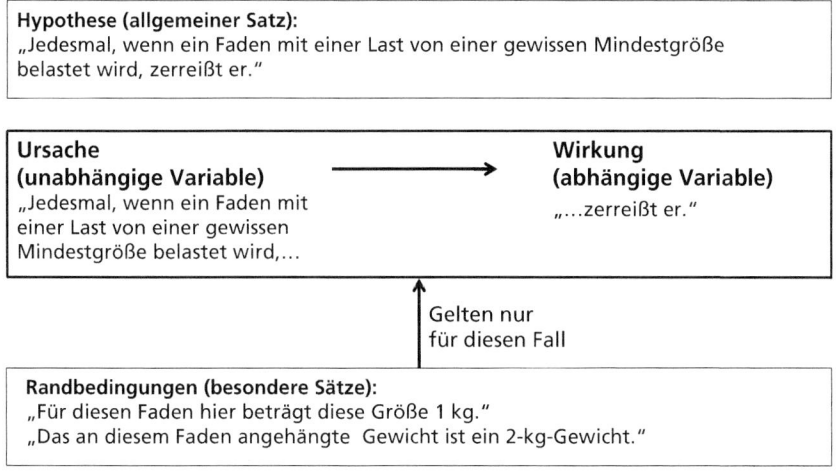

Abb. 9: Hypothesen und ihre Randbedingungen (Quelle: In Anlehnung an Popper (1994), S. 31 ff.)

Nach Diekmann (2018) kann zwischen unterschiedlichen Arten von Hypothesen differenziert werden (vgl. Diekmann (2018), S. 125 ff.). Zunächst werden Hypothesen in der Wahrscheinlichkeit des Auftretens des beschriebenen Zusammenhangs in deterministische und in probabilistische Hypothesen untergliedert. Die probabilistischen Hypothesen, die üblicherweise in den Sozialwissenschaften formuliert werden, werden in zwei Grundformen unterschieden. Dabei gibt es sogenannte Kausalhypothesen, die eine Wenn-dann-Aussage formulieren und die Zusammenhangshypothesen, die Je-desto-Aussagen formulieren. Beiden Grundformen ist die Formalstruktur eines sinnvollen Konditionalsatzes gemein (vgl. Bortz/ Döring (2006), S. 4). Eine weitere Unterscheidung besteht bei den Zusammenhangshypothesen auf der Merkmalsebene, also darin, ob die im Zusammenhang beschriebenen Merkmale auf individueller Ebene oder gesellschaftlicher Ebene ausgeprägt sind. Die Tabelle 3 stellt die Unterschiede der Arten von Hypothesen anhand von Beispielen aus den Sozial- und Wirtschaftswissenschaften dar.

Tab. 3: Die unterschiedlichen Arten von Hypothesen (Quelle: Eigene Darstellung in Anlehnung an Diekmann (2018), S. 125 ff.)

Hypothesenart	Beschreibung und Beispiel
Deterministische Hypothese	Der in der Aussage formulierte Zusammenhang zwischen den Variablen tritt unter bestimmten Voraussetzungen in jedem Fall auf. Deterministische Hypothesen existieren fast ausschließlich in den Naturwissenschaften. Bsp.: Wasser kocht bei einer Temperatur von 100°C.
Probabilistische Hypothese	Der in der Aussage formulierte Zusammenhang zwischen den Variablen tritt nur mit einer bestimmten Wahrscheinlichkeit auf. Bsp.: Wenn die Produktqualität steigt, dann steigt auch der Produktpreis.
Kausalhypothese »Wenn-dann-Aussage«	Die im Zusammenhang beschriebenen Variablen sind dichotom, d. h. sie sind zweigliedrig und haben keine Überschneidungen. Die »Wenn-Komponente« ist i. d. R. die Ursache (unabhängige Variable) für die »Dann-Komponente« (die Wirkung, abhängige Variable). Implikationsbeziehung: Wenn das Merkmal A auftritt, dann wird das Merkmal B erwartet. Wenn das Merkmal A nicht auftritt, dann kann das Merkmal B auftreten, es kann aber auch nicht auftreten. → Das Merkmal A ist eine hinreichende Bedingung. Bsp.: Wenn die Produktqualität steigt, dann steigt auch der Produktpreis. Äquivalenzbeziehung: Wenn das Merkmal A auftritt, dann wird das Merkmal B erwartet, und wenn das Merkmal A nicht auftritt, wird erwartet, dass das Merkmal B auch nicht auftritt. → Das Merkmal A ist eine hinreichende und notwendige Bedingung.

Tab. 3: Die unterschiedlichen Arten von Hypothesen (Quelle: Eigene Darstellung in Anlehnung an Diekmann (2018), S. 125 ff.) – Fortsetzung

Hypothesenart	Beschreibung und Beispiel
Zusammenhangs-hypothese »Je-desto-Aussage«	Bsp.: Wenn die Nachfrage nach einem Produkt steigt, dann sinkt der Preis dieses Produkts. Der Zusammenhang zwischen den Variablen ist als Rangfolge interpretierbar. Monoton steigender Zusammenhang: Je größer Variable A ist, desto größer ist auch Variable B. Bsp.: Je höher die Produktqualität ist, desto höher ist auch der Produktpreis. Monoton fallender Zusammenhang: Je größer die Variable A ist, desto kleiner ist die Variable B. Bsp.: Je höher die Nachfrage nach einem Produkt ist, desto niedriger ist der Preis dieses Produkts. U-förmiger Zusammenhang: Der u-förmige Zusammenhang ist eine spezielle Form der Zusammenhangshypothese. Bis zu einem minimalen Punkt ist der Zusammenhang monoton fallend und sobald das Minimum erreicht ist, wird der Zusammenhang monoton steigend. In einer grafischen Darstellung ergibt sich daraus eine Parabel. Bsp.: Zusammenhang zwischen Arbeitszufriedenheit und Aufstiegschancen. Bei mittleren Aufstiegschancen in einer Firma könnte die allgemeine Arbeitszufriedenheit niedriger sein als bei geringen oder hohen Aufstiegschancen. Umgekehrt u-förmiger Zusammenhang: Der u-förmige Zusammenhang kann ebenfalls in umgekehrter Weise bestehen. Bis zu einem maximalen Punkt ist der Zusammenhang monoton steigend und sobald das Maximum erreicht ist, wird der Zusammenhang monoton fallend. In einer grafischen Darstellung ergibt sich daraus eine umgekehrte Parabel. Bsp.: Die Wahrscheinlichkeit der Wahlbeteiligung nimmt mit steigendem Alter zu; dies allerdings nur bis ein bestimmtes Alter erreicht ist. Anschließend nimmt die Wahrscheinlichkeit der Wahlbeteiligung mit steigendem Alter wieder ab.
Individual-hypothese	Bei der unabhängigen (Ursache) und der abhängigen Variablen (Wirkung) handelt es sich um Individualmerkmale.

Tab. 3: Die unterschiedlichen Arten von Hypothesen (Quelle: Eigene Darstellung in Anlehnung an Diekmann (2018), S. 125 ff.) – Fortsetzung

Hypothesenart	Beschreibung und Beispiel
Kollektivhypothese	Bsp.: Je höher der Bildungsgrad einer Person ist, desto höher ist auch das Einkommen dieser Person. Bei der unabhängigen und der abhängigen Variablen handelt es sich um Kollektivmerkmale.
Kontexthypothese	Bsp.: Je höher die Arbeitslosenquote in einer Region ist, desto geringer ist die Wahlbeteiligung in dieser Region. Bei der unabhängigen Variablen handelt es sich um ein Kollektivmerkmal und bei der abhängigen Variablen um ein Individualmerkmal. Mit Kontexthypothesen kann »der Einfluss sozialer Strukturen auf das individuelle Handeln zum Ausdruck gebracht« werden (Diekmann (2018), S. 138). Bsp.: Je höher die Arbeitslosenquote in einer Region ist, desto geringer ist die individuelle Wahlbeteiligung.

Hypothesen bilden das Grundelement der empirischen Forschung. In den empirischen Wissenschaften werden aus Theorien Hypothesen abgeleitet und anhand von Experimenten und Beobachtungen überprüft. Die empirische Vorgehensweise wird in Kapitel 3 ausführlich beschrieben, an dieser Stelle sei aber ergänzend zu den Beschreibungen von Hypothesen erwähnt, dass an sie gewisse Anforderungen im Rahmen der wissenschaftlichen Tätigkeit gestellt werden (▶ Tab. 4).

Tab. 4: Anforderungen an Hypothesen (Quelle: Eigene Darstellung in Anlehnung an Bortz/Döring (2006), S. 4 und Weber (2015), S. 28 f.)

Bezug auf reale Sachverhalte	Eine wissenschaftliche Hypothese bezieht sich auf reale Sachverhalte, die empirisch untersuchbar sind.
Allgemeingültigkeit	Eine wissenschaftliche Hypothese ist eine allgemein gültige, über den Einzelfall oder ein singuläres Ereignis hinausgehende Behauptung (»All-Satz«).
Formalstruktur	Einer wissenschaftlichen Hypothese muss zumindest implizit die Formalstruktur eines sinnvollen Konditionalsatzes (»Wenn-dann-Satz« bzw. »Je-desto-Satz«) zugrunde liegen.
Falsifizierbarkeit	Der Konditionalsatz muss potenziell falsifizierbar (widerlegbar) sein, d. h., es müssen Ereignisse denkbar sein, die dem Konditionalsatz widersprechen.
Hoher Informationsgehalt	Hypothesen sollten einen Informationsgehalt haben, der so hoch wie möglich ist.

Gesetz

In der wissenschaftlichen Literatur wird nicht immer eindeutig zwischen Hypothesen, Gesetzen und Theorien unterschieden, da sie alle drei Aussagen über Zusammenhänge zwischen Sachverhalten machen. Gesetze haben prinzipiell die gleiche Struktur wie Hypothesen. Sobald Hypothesen empirisch bewährt sind und von Dritten in ihrem Wahrheitsgehalt bestätigt wurden, kann von einem Gesetz gesprochen werden. Das Gesetz hat demnach die gleiche Struktur wie die Hypothese, der Grad der Bewährung ist allerdings deutlich höher.

Theorie

Theorien bilden, wie auch die unterschiedlichen Arten von Hypothesen, die Grundlage wissenschaftlicher Tätigkeiten. Sie sind in der Regel der Ausgangspunkt jedes Forschungsprojekts. Als sprachlich ausformulierte und explizierte Anschauungen über Sachverhalte dienen sie einem wissenschaftlichen Austausch und einer intersubjektiven Überprüfung (vgl. Konegen/ Sondergeld (1985), S. 60 f.). Auf die Verwendung von Theorien in der wissenschaftlichen Arbeit, sowie auf den Stellenwert von Theorien im Zusammenspiel mit Empirie und Praxis soll in Kapitel 3 ausführlich eingegangen werden. Hier soll zunächst eine Definition des Begriffs gegeben werden, um eine einheitliche Nutzung des Terminus und seine Abgrenzung zu anderen Begriffen zu gewährleisten. Dies ist insbesondere hinsichtlich der uneinheitlichen Nutzung des Begriffs in den Sozialwissenschaften relevant. Im Folgenden wird der Begriff Theorie nach der Definition von Diekmann (2018) verstanden: Eine Theorie ist ihm zufolge »eine Menge verknüpfter Aussagen, von denen sich [...] eine nichtleere Teilmenge auf empirisch prüfbare Zusammenhänge zwischen Variablen bezieht.« (Diekmann (2018), S. 141) Das bedeutet, dass sie aus einer Vernetzung von überprüfbaren und »gut bewährten Hypothesen bzw. anerkannten empirischen »Gesetzmäßigkeiten«« (Bortz/ Döring (2006), S. 15) besteht. Sie besteht darüber hinaus aus Definitionen, die die enthaltenen Grundbegriffe beschreiben. Aus der Theorie lassen sich wiederum Hypothesen und methodologische Regeln ableiten, die die Überprüfbarkeit einer Theorie gewährleisten (vgl. Diekmann (2018), S. 141). Allgemein gesehen haben Theorien ordnende, erklärende und/ oder voraussagende Funktionen. Durch sie kann die Komplexität von Sachverhalten und Realphänomenen reduziert werden.

Die Zusammenhänge und Unterschiede zwischen Hypothesen, Gesetzen und Theorien sollen in der folgenden Grafik noch einmal zusammengefasst dargestellt werden (▶ Abb. 10).

Modell

Wird eine Theorie visualisiert oder mathematisch formalisiert, spricht man von einem Modell. Mithilfe der Visualisierung kann die Theorie vereinfacht dargestellt werden, da die Komplexität des Gegenstandbereichs reduziert wird (vgl. Helfrich (2016), S. 67). Durch die Formalisierung können Theorien präzisiert werden und es lassen sich mathematisch formulierte Hypothesen ableiten, die wiederum die Überprüfbarkeit der Theorie gewährleisten können. Die Aufgabe eines theoretischen

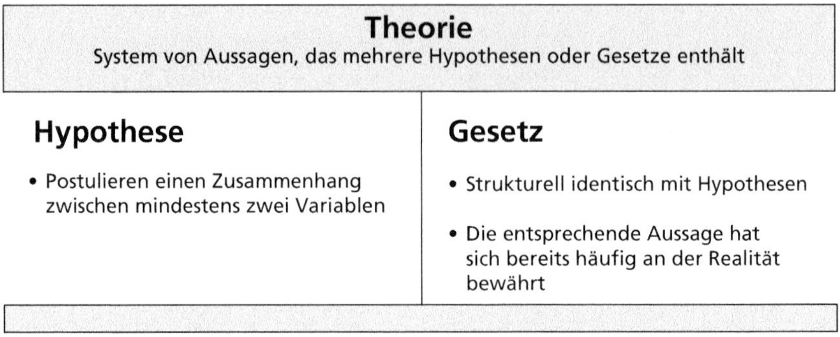

2 Wissenschaftstheoretische Grundlagen

Theorie
System von Aussagen, das mehrere Hypothesen oder Gesetze enthält

Hypothese
- Postulieren einen Zusammenhang zwischen mindestens zwei Variablen

Gesetz
- Strukturell identisch mit Hypothesen
- Die entsprechende Aussage hat sich bereits häufig an der Realität bewährt

Abb. 10: Hypothesen, Gesetze und Theorien (Quelle: Eigene Darstellung in Anlehnung an Schnell et al. (2018), S. 47)

Modells ist es, »die wesentlichen Merkmale und Zusammenhänge« der Theorie hervorzuheben (vgl. Diekmann (2018), S. 141 ff.).

> »Ebenso wie eine Theorie hat das Modell die Funktion, relevantes Wissen über einen Gegenstandsbereich in eine überschaubare Ordnung zu bringen. In beiden Fällen geschieht dies durch die Aufstellung eines Systems von Beziehungen. Während aber eine Theorie das System in Form von sprachlichen Aussagen konkretisiert, repräsentiert das Modell die Beziehungen in Form von Visualisierungen, d. h. bildlichen bzw. grafischen Darstellungen, oder in Form mathematischer Kalküle.« (Helfrich (2016), S. 67)

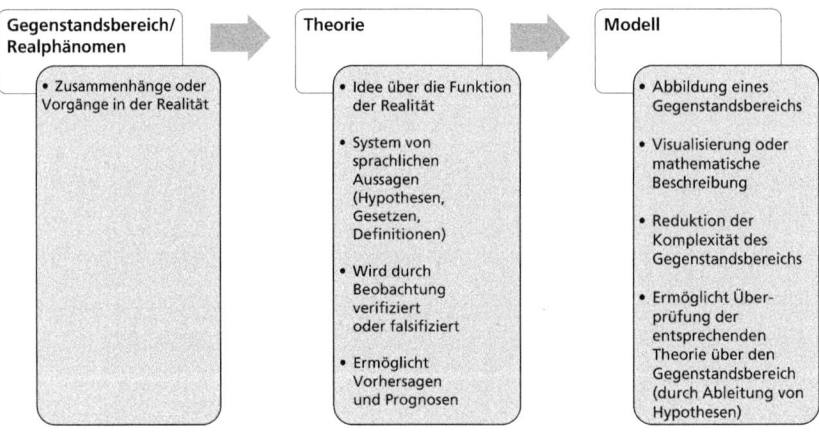

Abb. 11: Theorien und Modelle (Quelle: Eigene Darstellung in Anlehnung an Helfrich (2016), S. 67 ff.)

Paradigma

Der Begriff des Paradigmas, bezeichnet ein Konglomerat theoretischer Annahmen, das methodologische Normen und Werteinstellungen enthält. Das Paradigma kann daher auch als ein wissenschaftliches Leitbild beschrieben werden. Bei dem Leitbild handelt es sich um Standards der Wissenschaftlichkeit, die innerhalb einer bestimmten Wissenschaftsgemeinde anerkannt sind. Außerhalb dieser sogenannten ›scientific community‹ werden diese Standards angezweifelt.

Das Paradigma »bestimmt die relevanten Fragestellungen der Forscher, die akzeptablen Lösungsversuche und Methoden zu ihrer Beantwortung, die Kriterien für die Qualität der Forschung und insbesondere die Teil-Theorien und Erklärungsansätze für bestimmte Phänomene.« (Kriz et al. (1990), S. 77 f.)

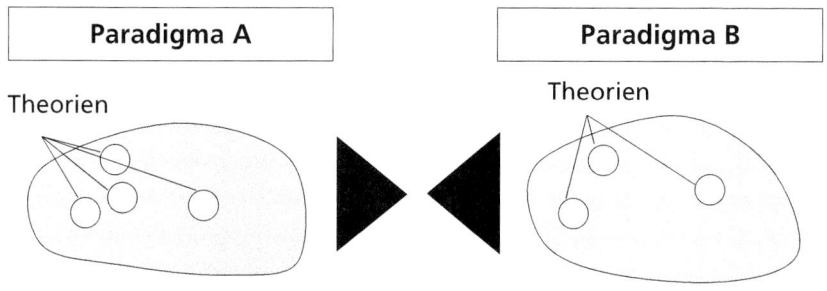

Abb. 12: Paradigma (Quelle: Eigene Darstellung in Anlehnung an Rasche (2017); Kornmeier (2007), S. 102 ff.)

Dabei handelt es sich nicht etwa um ein starres Gebilde, sondern Paradigmen unterliegen einer ständigen Weiterentwicklung und Erneuerung. Durch diesen Prozess ist eine wissenschaftliche Entwicklung überhaupt erst möglich. Zudem kommt es durch die sogenannte Inkommensurabilität von Paradigmen zur Koexistenz rivalisierender Paradigmen, die durch Aufgabe und Neugestaltung ebenfalls zur wissenschaftlichen Entwicklung beitragen (›Wissenschaftliche Revolution‹, vgl. Kuhn (1996)) (vgl. Kornmeier (2007), S. 102 ff.).

Beispiele für Paradigmen sind die unterschiedlichen wissenschaftstheoretischen Positionen, von denen einzelne für die Betriebswirtschaftslehre relevante Ansätze im folgenden Abschnitt erläutert werden.

2.5 Wissenschaftstheoretische Ansätze

Zur Erstellung einer wissenschaftlichen Arbeit benötigen Autoren einen forschungsmethodischen Einstieg, der auf unterschiedlichen wissenschaftstheoretischen Positionen basieren kann. Wissenschaftstheoretische Ansätze sind ›Soll-Beschreibungen‹ bzw. Leitbilder. Sie geben demnach an, wie die Wissenschaft sein soll (methodologische Normen und Werteinstellungen) und nicht, wie sie ist. Dem Autor dienen sie als Unterstützung bei der Herangehensweise an ihre wissenschaftliche Tätigkeit, indem sie die Aufgabe und das Ziel der Wissenschaft aus ihrer jeweiligen Perspektive beschreiben. Dabei sind verschiedene Ansätze möglich, die sich vereinfacht in einem zweidimensionalen Koordinatensystem darstellen lassen (▶ Abb. 13). Bei dieser Darstellung wird der Schwerpunkt auf diejenigen wissenschaftstheoretischen Ansätze gelegt, die sich mit den möglichen Formen der Erkenntnisgewinnung befassen und somit relevant für das wissenschaftliche Arbeiten in den Sozial- und Wirtschaftswissenschaften sind. Es existieren viele weitere wissenschaftstheoretische Ansätze, die in anderen Wissenschaftsdisziplinen eine Rolle spielen, für die Betriebswirtschaftslehre allerdings weniger relevant sind.

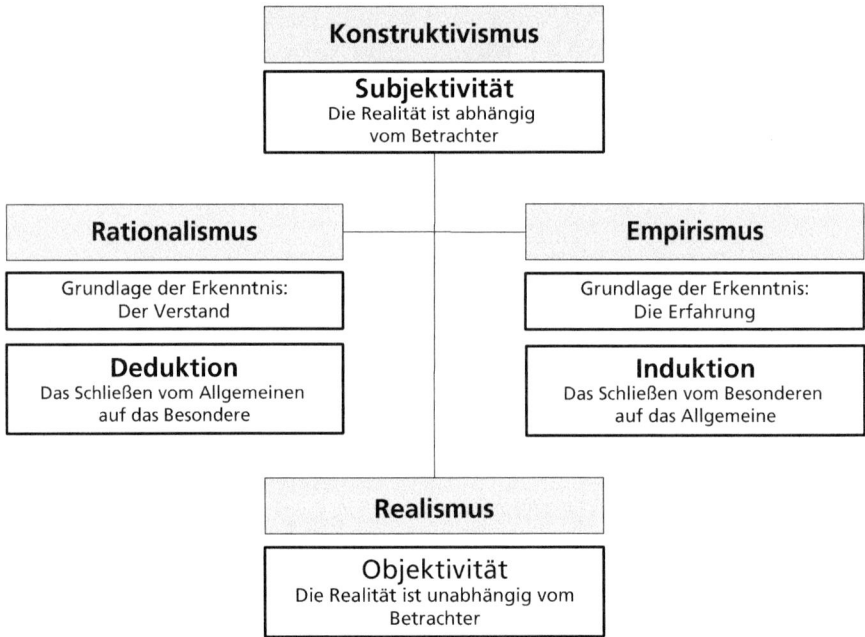

Abb. 13: Wissenschaftstheoretische Ansätze (Quelle: In Anlehnung an Kornmeier (2007), S. 31; vgl. Schülein/ Reitze (2012), S. 60)

Die dargestellten Ansätze unterscheiden sich grundsätzlich in der objektiven bzw. subjektiven Betrachtungsweise des zu beschreibenden oder erklärenden Realphänomens sowie in der induktiven bzw. deduktiven Herangehensweise an den Erkenntnisgewinn.

Realismus

Vertreter des Realismus gehen davon aus, dass es eine Realität gibt, die unabhängig vom jeweiligen Betrachter ist (Objektivität). Durch Wahrnehmung der Realität kann diese vollständig, zumindest aber in wesentlichen Teilen erkannt werden. Somit können, bezogen auf die Forschung, auch Theorien die »echte« Realität annähernd gut beschreiben, sofern sie nicht widerlegt sind. Kritiker des Realismus sehen die Problematik in der selektiven Wahrnehmung der jeweiligen Betrachter. Sie können somit meist nur einen kleinen Teil der Information wahrnehmen (vgl. Kornmeier (2007), S. 31-32). »Überdies ist das Wahrgenommene nicht immer wirklichkeitsgetreu (›**veridikal**‹), sondern mehrdeutig (›**ambigue**‹) und anfällig für Täuschungen aller Art« (Kornmeier (2007), S. 32).

Konstruktivismus

Den Theorien der Konstruktivisten zufolge gibt es keine objektive Realität. Menschen konstruieren sich die Realität vielmehr selbst (Subjektivität). Eine wissenschaftliche Theorie hat daher auch nicht die Aufgabe, die Realität wiederzugeben, sondern zielgerichtetes Handeln zu ermöglichen.

> »Gemäß diesem Ansatz besteht die vorrangige Aufgabe der Wissenschaft zunächst darin, die zu untersuchenden Gegenstände auf der Basis alltagsweltlicher Erfahrungen durch die Angabe der methodisch nötigen Schritte und Regeln zu konstruieren, um auf diese Weise zu einer intersubjektiv nachvollziehbaren Wissenschaftssprache zu gelangen. Aus den so definierten Gegenständen werden Schlussfolgerungen gezogen, die den Ausgangspunkt für ein sinnvolles und zweckgerichtetes Handeln bilden.« (Helfrich (2016), S. 90)

Der wissenschaftstheoretische Ansatz des Konstruktivismus spielt in der Betriebswissenschaftslehre eine eher untergeordnete Rolle.

Empirismus

Den Theorien des Empirismus zufolge beruht Erkenntnis auf Erfahrungen, die durch Beobachtungen oder Experimente gewonnen werden. Vertreter des Empirismus sehen demnach die sinnliche Wahrnehmung als wichtigste Quelle menschlicher Erkenntnis. Im Rahmen des Empirismus wird daher eine induktive Vorgehensweise vertreten (vgl. Helfrich (2016), S. 83). Der Forschende beobachtet einzelne Fälle, sucht Verbindungen und mögliche Gesetzmäßigkeiten und schließt aus seinen Ergebnissen, »dass seine Beobachtungen allgemein gültig sind« (Weber (2015), S. 33). Die Induktion generiert demnach Hypothesen und Theorien (Richtung: vom Speziellen zum Allgemeinen). Diese Art des Erkenntnisgewinns ist allerdings nicht unumstritten. Nach dem von Karl Popper beschriebenen Induktionsproblem besteht eine Schwierigkeit in der Verallgemeinerung von einzelnen Beobachtungen. Ein Realphänomen, das in der Vergangenheit beobachtet wurde, muss in der Zukunft nicht zwangsläufig in gleicher Weise auftreten. Popper zufolge gehe jeder Beobachtung oder Aussage eine

Theorie voraus (vgl. Helfrich (2016), S. 30 ff.). Nähere Hintergründe zu Poppers wissenschaftstheoretischem Ansatz werden im Zusammenhang mit dem sogenannten Kritischen Rationalismus erläutert.

 Rationalismus

Vertreter des Rationalismus sind der Auffassung, dass Form und Inhalt aller Erkenntnis auf Verstand und Vernunft gründen (lat. ratio = Vernunft). »Da es keine voraussetzungs- oder theoriefreie Erfahrung gebe, müsse einer Beobachtung stets eine Theorie vorausgehen.« (Kornmeier (2007), S. 35) Übertragen auf die wissenschaftliche Arbeit wird demzufolge von einer Theorie ausgegangen, die sich bereits bewährt hat. Diese Theorie wird dann auf ein spezifisches Anwendungsfeld übertragen und überprüft. Dieser Vorgang wird auch als Deduktion bezeichnet (Richtung: vom Allgemeinen zum Speziellen). Auch die Deduktion ist als Methode des Erkenntnisgewinns nicht unumstritten. Als Problem wird unter anderem genannt, »dass es in den Realwissenschaften so gut wie keine ausnahmslos geltenden Gesetzmäßigkeiten gibt, da es zum einen immer Ausnahmefälle gibt und zum anderen die Realität sich verändern kann.« (Helfrich (2016), S. 32)

 Kritischer Rationalismus

Unter dem bedeutenden Philosophen und Wissenschaftstheoretiker Karl Raimund Popper (1902-1994) entwickelte sich der Rationalismus zum sogenannten Kritischen Rationalismus weiter. Für den Kritischen Rationalismus ist eine systematische Suche und Elimination von Irrtümern in bestehenden Theorien kennzeichnend (vgl. Raffée/ Abel (1979), S. 4). »Es geht also darum, nicht akzeptable Problemlösungen aufzudecken, zu eliminieren und durch bessere zu ersetzen, die sich dann wieder im Lichte einer systematischen Kritik bewähren müssen.« (Raffée/ Abel (1979), S. 4) Der Erkenntnisfortschritt soll durch die systematische Elimination von Irrtümern maximiert werden, denn durch die sogenannte Falsifikation (Widerlegung) von Hypothesen, können Theorien immerwährend weiterentwickelt und realitätsnäher gestaltet werden (vgl. Weber (2015), S. 38). Dieses Prinzip der Falsifikation findet in der Betriebswirtschaftslehre häufige Anwendung. Dennoch gibt es auch Kritik an diesem Prinzip, denn Theorien können nicht endgültig falsifiziert werden. Auch die Beobachtungsaussage, eine Theorie sei widerlegt, kann sich im Nachhinein als falsch erweisen.

Auf den wissenschaftstheoretischen Ansatz des Kritischen Rationalismus soll in Kapitel 3.2 näher eingegangen werden, da das Wissenschaftsverständnis der kritischen Rationalisten eine wesentliche Rolle in der empirischen Forschung im Bereich der Betriebswirtschaftslehre einnimmt. Sie sehen die Suche nach Erklärungen als wichtigste Aufgabe und Ziel der Wissenschaft an und bieten dementsprechend die Methodologie für die wissenschaftliche Arbeitsweise zur Erklärung von Realphänomenen.

2.6 Anwendung wissenschaftstheoretischer Grundlagen auf das wissenschaftliche Arbeiten

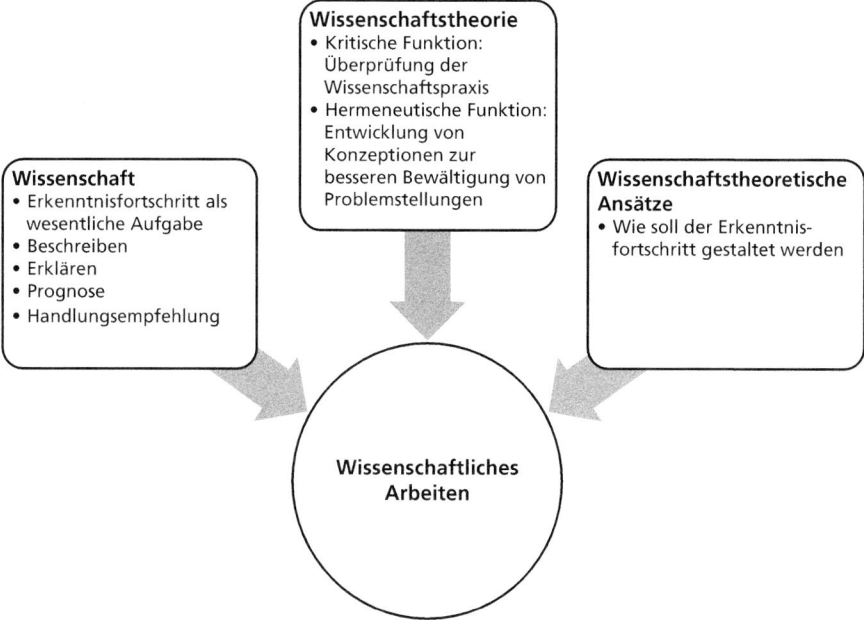

Abb. 14: Anwendung wissenschaftstheoretischer Grundlagen auf das wissenschaftliche Arbeiten

Die wesentliche Aufgabe der Wissenschaft ist der Erkenntnisfortschritt. Die Betriebswirtschaftslehre wie auch alle anderen Realwissenschaften verfolgt dabei das Ziel, »Wissen über einen Bereich der Realität, das »Erfahrungsobjekt«, zu gewinnen und das konkrete Handeln in diesem Bereich zu verbessern.« (Helfrich (2016), S. 21) In der Betriebswirtschaftslehre handelt es sich bei dem Erfahrungsobjekt um den Betrieb und sein wirtschaftliches Umfeld. Das Erfahrungsobjekt kann mit unterschiedlicher Zielsetzung und damit aus verschiedenen Perspektiven betrachtet werden. Die unterschiedliche Zielsetzung führt zum sogenannten Erkenntnisobjekt. »In der Betriebswirtschaftslehre besteht das Erkenntnisobjekt im Verstehen von wirtschaftlichen Zusammenhängen in Betrieben und deren Umfeld sowie in der Aufstellung von Handlungsempfehlungen zur Optimierung betrieblicher Abläufe und Entscheidungen.« (Helfrich (2016), S. 22 f.) Aus dem Ziel der Realwissenschaften lassen sich die vier Aufgaben der Beschreibung, der Erklärung, der Prognose und der Handlungsempfehlung ableiten. Sie sollen anhand von Beispielen aus der Betriebswirtschaftslehre in Tabelle 5 dargestellt werden.

Tab. 5: Die Aufgaben der wissenschaftlichen Arbeit in den Realwissenschaften (Quelle: In Anlehnung an Kornmeier (2007), S. 30)

Schwerpunkt	Beschreibung	Beispiel
Beschreiben	Zunächst wird die Problemstellung beschrieben. Die Aufgabe dabei ist, ein Realphänomen differenziert wahrzunehmen und zu beschreiben.	Welcher Zusammenhang besteht zwischen Gehaltshöhe und Mitarbeiterzufriedenheit?
Erklären	Anschließend wird ein bestimmtes Realphänomen durch Verstehen der Zusammenhänge erklärt.	Welche Faktoren bewirken eine Steigerung der Mitarbeiterzufriedenheit?
Prognose	Im Anschluss können Prognosen abgegeben werden, wie sich eine bestimmte Situation oder ein Phänomen entwickeln wird. Es werden demnach Aussagen über Zustände und Ereignisse in der Zukunft gemacht und Folgen werden abgeschätzt.	Lässt sich aus der Lohnentwicklung die Mitarbeiterzufriedenheit vorhersagen?
Handlungsempfehlung	Aus den vorigen Schritten sollen dann letzten Endes Handlungsempfehlungen und Gestaltungsmaßnahmen zur Zielerreichung abgeleitet werden. Dieser vierte Schritt spielt insbesondere in den praxisorientierten Weiterbildungsprogrammen eine wesentliche Rolle.	Welche praktischen Maßnahmen sind geeignet, um die Mitarbeiterzufriedenheit des Unternehmens zu steigern?

Anforderungen an das wissenschaftliche Arbeiten

Der Erkenntnisgewinn erfolgt nach ganz bestimmten Regeln, die von der Wissenschaftstheorie vorgegeben werden. Sie überprüft die Wissenschaftspraxis und entwickelt Konzeptionen zur besseren Bewältigung von Problemstellungen (kritische und hermeneutische Funktion der Wissenschaftstheorie). Daraus ergeben sich einige Anforderungen an das wissenschaftliche Arbeiten. Diese Anforderungen müssen Studierende und alle Personen, die wissenschaftlich tätig sind, berücksichtigen, um einen verantwortungsbewussten Umgang mit Forschungsergebnissen und Theorien zu gewährleisten. Werden diese Anforderungen missachtet oder versehentlich nicht erfüllt, kann dies schwerwiegende Folgen, auch für den wissenschaftlichen Erkenntnisprozess, haben. Sobald wissenschaftliche Ergebnisse an die Öffentlichkeit getragen werden, müssen sie demnach den Kriterien entsprechen. Studierende haben in der Regel während des Studiums die Gelegenheit, sich die Anforderungen mittels weniger umfangreicher Arbeiten (z. B. Referate und Seminararbeiten) anzueignen und umzusetzen. Spätestens zu dem Zeitpunkt, an dem die Arbeiten veröffentlicht werden und somit einen Beitrag zum wissenschaftlichen Fortschritt leisten, müssen die Anforderungen allerdings bekannt sein und umgesetzt werden. Daher ist es empfehlenswert, sich während des Studiums und so früh wie möglich mit den wissenschaftlichen Kriterien auseinanderzusetzen. Die verschiedenen Anforderungen sollen in der folgenden Tabelle erläutert werden. Dabei sei an dieser Stelle erwähnt, dass in Kapitel 4.1 als Ergänzung zu den hier genannten Anforderungen die speziellen Qualitätskriterien wissenschaftlicher Arbeiten beschrieben werden, die sich aus den fachspezifischen Vorgaben ergeben.

Tab. 6: Anforderungen an wissenschaftliche Arbeiten (Quelle: Eigene Darstellung in Anlehnung an Balzert et al. (2011), S. 15 ff.)

Verantwortung	Laut Artikel 5 des Grundgesetzes der Bundesrepublik Deutschland sind Kunst und Wissenschaft, Forschung und Lehre frei. Diese Freiheit in der wissenschaftlichen Arbeit erfordert ein hohes Maß an Verantwortung, um die Veröffentlichung fehlerhafter oder manipulierter Ergebnisse zu verhindern. Dazu gehört unter anderem die Verantwortung sich selbst gegenüber und damit die Kontrolle über das eigene Handeln sowie die Motivation im ethischen Sinne der Wissenschaft zu arbeiten. Es sollte also stets im eigenen Interesse sein, die Wissenschaft bei der Suche nach der Wahrheit voranzubringen. Weiterhin erfordert das wissenschaftliche Arbeiten eine soziale Verantwortung in der Zusammenarbeit mit anderen Menschen, bspw. mit Forschungsteams oder Kooperationspartnern. Diese kann durch gewissenhaftes Arbeiten und durch Darlegung korrekter, überprüfbarer und nachvollziehbarer Ergebnisse gewährleistet werden. Mit der Freiheit der Wissenschaft geht auch eine Verantwortung gegenüber der Wissenschaft selbst einher. Auch hierbei steht das Interesse des wissenschaftlichen Fortschritts im Mittelpunkt. Wissenschaftliches Fehlverhalten durch Manipulation von Daten oder unachtsame Veröffentlichung von Ergebnissen etc. muss vermieden werden, indem wissenschaftliche Regeln und Standards eingehalten werden. Die wissenschaftliche Arbeit erfordert nicht zuletzt eine Verantwortung gegenüber der (Welt-)Gesellschaft, der Umwelt und dem Leben. Die Veröffentlichung fehlerhafter oder manipulierter Ergebnisse hat nicht immer nur Auswirkungen auf die Wissenschaftsgemeinschaft, sondern unter anderem auch auf die Menschen, die Natur oder die Umwelt. Diese Auswirkungen sollten den wissenschaftlich arbeitenden Personen stets bewusst sein.
Objektivität	Von wissenschaftlich Tätigen wird neben der Übernahme von Verantwortung auch eine objektive Arbeitsweise gefordert. Das bedeutet, dass die Inhalte der Arbeit so neutral und sachlich wie möglich sein sollen. Vorurteile, persönliche Gefühle oder gar politische Einstellungen und Ziele des Verfassers sind demnach in wissenschaftlichen Arbeiten nicht angebracht. Der Leser der wissenschaftlichen Arbeit soll durch vorgegebene Meinungen nicht beeinflusst werden. Um einen möglichst hohen Grad an Objektivität zu erreichen, sollten die Ergebnisse der wissenschaftlichen Arbeit durch sorgfältige Dokumentation, durch richtiges und vollständiges Zitieren und durch nachvollziehbare methodische Verfahrensweise überprüfbar sein.

Tab. 6: Anforderungen an wissenschaftliche Arbeiten (Quelle: Eigene Darstellung in Anlehnung an Balzert et al. (2011), S. 15 ff.) – Fortsetzung

Systematik	Das wissenschaftliche Arbeiten erfordert eine systematische Vorgehensweise (bspw. beim Beschreiben oder Erklären). Das systematische Vorgehen ist eines der wesentlichen Charakteristika des Generierungsprozesses wissenschaftlichen Wissens und differenziert ihn demnach vom Generierungsprozess von Alltagswissen, welches in der Regel auf persönlichen Erfahrungen basiert und damit subjektiver Natur ist.
Überprüfbarkeit	Die Überprüfbarkeit von Erkenntnissen ist eine zentrale Anforderung an wissenschaftliche Arbeiten. Durch das Überprüfen von Erkenntnissen können diese entweder bestätigt (verifiziert) werden, wodurch sie vorläufig als gesichert gelten, oder sie werden widerlegt (falsifiziert) und damit geändert bzw. verbessert. Auch oder gerade durch die Falsifikation und die damit einhergehende Verbesserung oder Veränderung und Entwicklung von Erkenntnissen wird ein wissenschaftlicher Fortschritt gewährleistet. Für vorläufig gesicherte Erkenntnisse besteht immer auch die Möglichkeit, dass sie im Nachhinein falsifiziert werden, da neue Erfahrungen (z. B. durch Weiterentwicklung der Technik) gemacht wurden. Daher gilt es immer, auch die alten Theorien zu überprüfen und mit neuem Wissen und neuen Techniken und Methoden zu verbinden. Können Erkenntnisse nicht überprüft und damit nicht verifiziert oder falsifiziert werden, gelten sie als »nichtwissenschaftlich« und sind damit nicht relevant für die Wissenschaft.
Nachvollziehbarkeit	Die Inhalte und Ergebnisse wissenschaftlicher Arbeiten müssen nachvollziehbar sein, sich also dem Leser oder Zuhörer erschließen. Eine Arbeit, die nicht nachvollziehbar ist, hat keinen wissenschaftlichen Wert. In der Regel wird die Nachvollziehbarkeit durch das Einhalten und Umsetzen der Anforderungen an die Arbeit gewährleistet.
Ehrlichkeit	Die Ehrlichkeit ist eine Grundvoraussetzung für die wissenschaftliche Tätigkeit. Insbesondere bei der Veröffentlichung von Daten oder Studien muss der Leser darauf vertrauen können, dass die Ergebnisse wahrheitsgemäß wiedergegeben werden. Täuschungen oder Datenmanipulationen können zu folgeschweren Schäden in der Wissenschaft führen. Daher gilt es, die neu gewonnenen Erkenntnisse und Ergebnisse stets kritisch zu überprüfen. Aber auch bestehendes wissenschaftliches Wissen sollte sorgfältig überprüft werden, um Irrtümer und Überholung der Daten auszuschließen bzw. auszubessern.

»Auch wenn für den wissenschaftlichen Erkenntnisgewinn [durch die kritische und hermeneutische Funktion der Wissenschaftstheorie] klare Regeln vorliegen, existiert eine Vielzahl gültiger und anerkannter Verfahren, um Aussagen, Hypothesen und Theorien zu formulieren und zu prüfen. [...] [Die unterschiedlichen wissenschaftstheoretischen Positionen verfolgen] eine ganz spezifische Sicht auf die menschliche Wahrnehmung der Welt und, eng damit verbunden, auf zulässige Formen des Erkenntnisgewinn« (Kuhlenkasper et al. (2018), S. 20).

Die wissenschaftstheoretischen Positionen des Konstruktivismus, des Realismus, des Empirismus und des Rationalismus wurden bereits in Kapitel 2.5 beschrieben und ihre Rolle innerhalb der Betriebswirtschaftslehre verdeutlicht. »Je nach erkenntnistheoretischer Tradition drängen sich in einer wissenschaftlichen Arbeit [...] unterschiedliche Forschungsmethoden auf.« (Kuhlenkasper et al. (2018), S. 20) Die zentrale Rolle, die der kritische Rationalismus für die Forschungsmethodik innerhalb der Betriebswirtschaftslehre einnimmt, soll in Kapitel 3 verdeutlicht werden.

Weiterführende Literatur zu Kapitel 2

Chalmers, A. F.; Altstötter-Gleich, Christine; Bergemann, Niels (2007): Wege der Wissenschaft, Einführung in die Wissenschaftstheorie, 6., verbesserte Aufl. Berlin, Heidelberg.
Diekmann, Andreas (2018): Empirische Sozialforschung, Grundlagen, Methoden, Anwendungen. Originalausgabe, vollständig überarbeitete und erweiterte Neuausgabe, 12. Auflage. Reinbek bei Hamburg.
Helfrich, Hede (2016): Wissenschaftstheorie für Betriebswirtschaftler, 1. Auflage, Wiesbaden
Kornmeier, Martin (2007): Wissenschaftstheorie und wissenschaftliches Arbeiten, Eine Einführung für Wirtschaftswissenschaftler, Heidelberg.
Popper, Karl R. (1994): Logik der Forschung, 10. verb. und verm. Auflage, Tübingen.
Raffée, Hans; Abel, Bodo (Hg.) (1979): Wissenschaftstheoretische Grundfragen der Wirtschaftswissenschaften, München.

3 Theorie – Empirie – Praxis

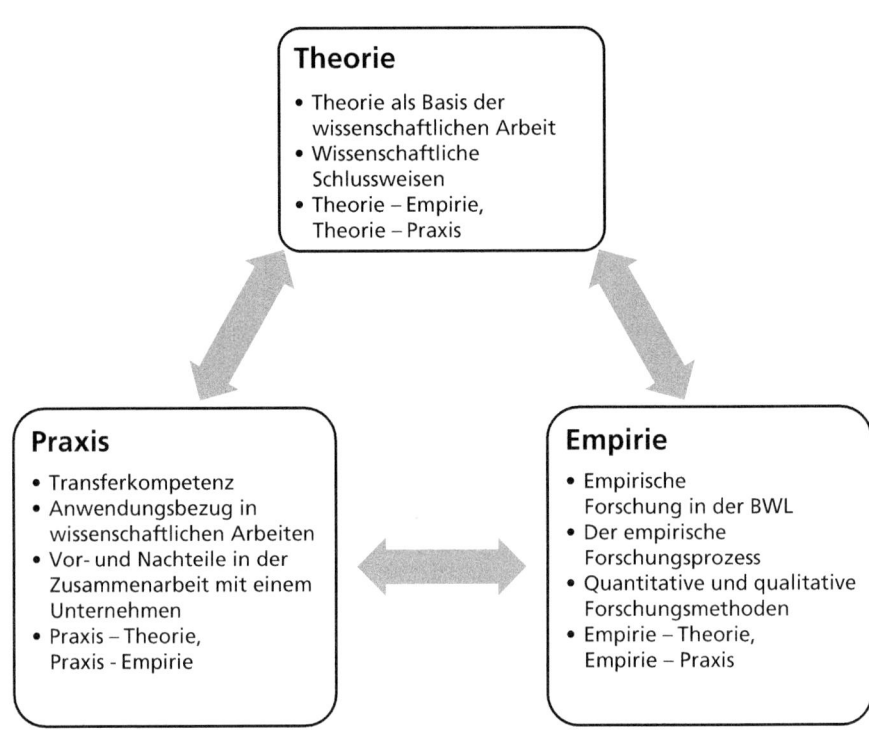

Abb. 15: Übersicht zum dritten Kapitel

In diesem Kapitel soll der Zusammenhang zwischen Theorie, Empirie und (Unternehmens-)Praxis im Kontext der wissenschaftlichen Arbeit näher durchleuchtet werden. Dieser Abschnitt wird besonders relevant für Autoren sein, die sich für eine empirische Untersuchung in ihrer Arbeit entscheiden, denn es werden insbesondere die Schritte im empirischen Forschungsprozess behandelt. Empirische Erhebungen sind meist sehr aufwendige Forschungsprojekte, die allerdings, bei strukturierter Vorgehensweise, sehr aussagekräftige Ergebnisse bieten können. Diese Ergebnisse können für Erklärungen und Beschreibungen von Problemstellungen oder auch für Handlungsempfehlungen und Prognosen genutzt werden. Die empirische Forschung kann auch für die eigene (Unternehmens-)Praxis von großem Nutzen sein, da sich aus den erhobenen Daten oftmals Handlungsempfehlungen für die entsprechende Branche ergeben können. Somit kann es von großem Nutzen sein, die beruflichen Kontakte zu nutzen und Erhebungen im eigenen beruflichen Umfeld umzusetzen.

Im Folgenden wird zunächst das Begriffspaar Theorie und Empirie beschrieben und deren Bezug zueinander analysiert. Theorie und Empirie sind die Grundlage jeder wissenschaftlichen Arbeit und stehen in einer engen Beziehung zueinander. Es besteht die Möglichkeit, eine theoretisch fundierte Arbeit zu schreiben, es kann aber auch empirisch vorgegangen werden, um eine bestehende Theorie zu überprüfen. Daher sollten sich Autoren wissenschaftlicher Arbeiten zuvor mit beiden Begrifflichkeiten auseinandergesetzt haben. Im Anschluss daran wird der Bezug zur (Unternehmens-)Praxis in wissenschaftlichen Arbeiten analysiert. Dies soll als Hilfestellung dienen, ob und inwiefern die eigene berufspraktische Erfahrung genutzt und in die wissenschaftliche Arbeit einbracht werden kann. Bei der Verwendung des Begriffs Praxis wird in diesem Kontext also stets die Unternehmens- bzw. Berufspraxis verstanden.

3.1 Der Stellenwert der Theorie im Zusammenspiel mit Empirie und Praxis

»Wissenschaftliches Arbeiten ist stets theorieorientiert. Theorien eröffnen den Zugang zur Welt, in dem sie nur einen Ausschnitt der Wirklichkeit behandeln. Theorien treffen somit Aussagen über die Beschaffenheit bestimmter Aspekte der Wirklichkeit, während sie zu anderen schweigen.« (Goldenstein et al. (2018), S. 5)

Theorie als Basis der wissenschaftlichen Arbeit

Wer sich mit wissenschaftlicher Forschung beschäftigt, wird sich auch zwangsläufig mit Theorien auseinandersetzen müssen. Anhand von Theorien soll ein Ausschnitt der Wirklichkeit beschrieben und erklärt werden. Dabei sollen die getroffenen Aussagen die Komplexität des beobachteten Phänomens reduzieren und gleichzeitig sollen die Aussagen der Theorie allgemeingültig und kritisierbar bleiben. Im betriebswirtschaftlichen Kontext wird in der Regel ein Ausschnitt der sozialen Welt beschrieben, so konzentriert man sich bspw. auf die Beschreibung von (der Entstehung, dem Wandel, dem Verhalten von und in) Organisationen bzw. Unternehmen (vgl. Goldenstein et al. (2018), S. 20). Dabei greifen Betriebswirtschaftler gemeinhin auf Theorien verschiedener Wissenschaftsdisziplinen (bspw. Soziologie, Ökonomik, Psychologie oder Politikwissenschaft) zurück und verknüpfen sie mit dem zu beobachtenden Realphänomen ihrer Fachdisziplin. Daher fällt es zuweilen schwer, die fachliche Herkunft der Theorie, die für die wissenschaftliche Arbeit verwendet werden sollen, zu erkennen. In manchen Fällen lohnt es sich, über die eigene Fachdisziplin hinaus zu recherchieren und die theoretischen Grundlagen aus den entsprechenden Nachbardisziplinen in die wissenschaftliche Arbeit einzubeziehen. Dabei sollte allerdings beachtet werden, nicht zu viele verschiedene Theorien in der Arbeit zu verwenden. Gerade bei interdisziplinären Bereichen neigen Autoren dazu, alle Theorien, die sie zu dem entsprechenden Thema finden, miteinander verknüpfen zu wollen. Dabei sei an dieser Stelle darauf hingewiesen, dass Theorien (wie auch Paradigmen) zu einem Themengebiet teilweise nicht miteinander verglichen werden können und somit inkommensurabel sind. Sie widersprechen sich in diesem Fall sogar. Daher sollten die verwendeten Theorien stets auf ihre Widerspruchsfreiheit überprüft werden. Ferner besteht die Möglichkeit, explizit auf die Inkommensurabilität einzugehen, wenn dies für die wissenschaftliche Arbeit gewünscht ist. Auch ein Vergleich zwischen zwei oder mehreren sich widersprechenden Theorien kann ein interessantes wissenschaftliches Ergebnis erzielen. Dies sollte allerdings nur in Betracht gezogen werden, wenn es das Thema der wissenschaftlichen Arbeit erfordert. In anderen Fällen können sich Autoren in der Regel auf eine Theorie bzw. einige wenige Theorien konzentrieren, die für das ausgewählte Forschungsfeld relevant ist/ sind (vgl. Goldenstein et al. (2018), S. 35 f.).

Für die wissenschaftliche Arbeit können bestehende Theorien auf zweierlei Art genutzt werden (▶ Tab. 7). Zum einen können beobachtete Einzelfälle mit übergeordneten Aspekten und damit mit bestimmten Theorien in Beziehung gesetzt und somit beschrieben bzw. erklärt werden (Phänomen-Theorie-Abgleich). Zum anderen können Theorien erwartete Wirkungsbeziehungen in der Realität vorgeben, die dann praktisch beobachtet werden (Theorie-Phänomen-Abgleich) (vgl. Goldenstein et al. (2018), S. 21 f).

Tab. 7: Anwendung von Theorien in der wissenschaftlichen Arbeit (Quelle: Eigene Darstellung in Anlehnung an Goldenstein et al. (2018), S. 20 ff.)

Bezeichnung	Beschreibung	In der BWL
Phänomen-Theorie-Abgleich	Können bestimmte Einzelfälle von Beobachtungen mit einer bestimmten Theorie beschrieben und erklärt werden?	• Beobachtung des Verhaltens von und in Unternehmen in bestimmten Situationen • Warum agieren Unternehmen in dieser Weise? • Welche theoretischen Ansätze könnten hierfür Erklärungen liefern?
Theorie-Phänomen-Abgleich	Können die von einer Theorie postulierten Wirkungszusammenhänge tatsächlich bestimmte Einzelfälle von Beobachtungen beschreiben und erklären?	• Entwicklung theoriegeleiteter Erwartungen über das Verhalten von und in Unternehmen in bestimmten Situationen • Überprüfung der Erwartungen am beobachtbaren Verhalten in der Praxis • Bei einer Nichtübereinstimmung von theoretisch zu erwartendem und praktisch zu beobachtendem Verhalten ergeben sich interessante Ansatzpunkte für eine Diskussion und die Ableitung weiterer theorierelevanter Fragestellungen

Autoren mit berufspraktischer Erfahrung können bei der Auswahl der Vorgehensweise ihre berufspraktischen Kenntnisse einfließen lassen. Gegebenenfalls wurden bereits Phänomene im eigenen beruflichen Umfeld beobachtet und hinterfragt. Für die wissenschaftliche Arbeit kann in diesem Fall überlegt werden, welche Theorien bei der Beantwortung der gestellten Fragen helfen und das Phänomen beschreiben bzw. erklären können (Phänomen-Theorie-Abgleich). Mitunter wird ein Phänomen aber auch erst bewusst wahrgenommen, wenn zuvor die theoretischen Grundlagen zu einem Themenbereich erworben wurden. Die von der Theorie vorgegebene Wirkungsbeziehung wird dann tatsächlich in der Realität beobachtet (Theorie-Phänomen-Abgleich). Gegensätzlich kann aber auch festgestellt werden, dass die Theorie eine zu erwartende Wirkungsbeziehung vorgibt, die die praktische Beobachtung im beruflichen Umfeld allerdings nicht bestätigen kann. In diesem Fall kann es sein, dass die Theorie (zumindest für diesen Fall) widerlegt oder angepasst bzw. modifiziert werden muss. Auch dabei handelt es sich um eine wissenschaftliche Erkenntnis, die zum wissenschaftlichen Fortschritt beitragen kann.

Durch die Bestätigung, Widerlegung oder Weiterentwicklung von Theorien tragen Forscher zum wissenschaftlichen Fortschritt bei. Denn nur so können Theorien mit gegenwärtigen Trends und Techniken abgeglichen und auf ihre Aktualität überprüft werden. Theorien besitzen somit nur eine vorübergehende Gültigkeit. Sie unterliegen stets den Modifikationen und Aktualisierungen durch neuere Forschungsergebnisse.

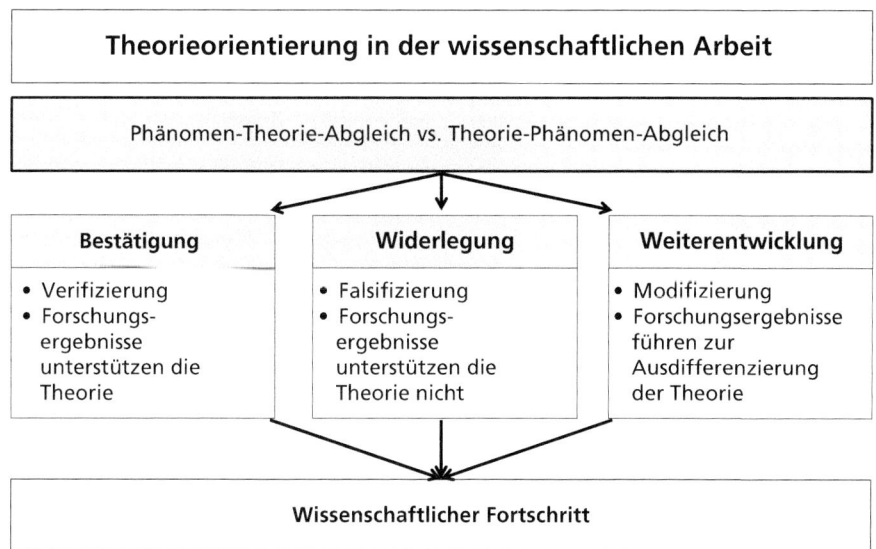

Abb. 16: Die Theorie als Basis der wissenschaftlichen Arbeit (Quelle: In Anlehnung an Goldenstein et al. (2018), S. 5)

Wissenschaftliche Schlussweisen

Bei der Generierung wissenschaftlicher Aussagen lassen sich zwei Grundpositionen und entsprechende Schlussweisen unterscheiden, die im Folgenden vorgestellt werden sollen. Sie spielen eine wesentliche Rolle im Zusammenhang von Theorie und Empirie.

Zum einen gibt es die Grundposition des ›Verstehens‹, der zufolge »die soziale Welt von Menschen geschaffen und durch Symbole vermittelt« (Goldenstein et al. (2018), S. 37) ist. Diese Grundposition wird der Schlussweise der sogenannten ›Induktion‹ zugerechnet. Das Ziel der induktiven Vorgehensweise ist es, das durch subjektiven Sinn beeinflusste Handeln oder Verhalten von Akteuren der sozialen Welt zu verstehen, wobei den Wissenschaftlern bewusst ist, dass der subjektive Sinn in ständigem Wandel ist (vgl. Goldenstein et al. (2018), S. 39).

Des Weiteren existiert die Position des ›Erklärens‹, die der Schlussweise der sogenannten ›Deduktion‹ zugerechnet wird. Das Ziel der deduktiven Vorgehensweise ist es, die Erklärungskraft bestehender Theorien anhand von empirischen Untersuchungen zu testen (vgl. Goldenstein et al. (2018), S. 40).

Diese beiden Schlussweisen wurden bereits im Zusammenhang der wissenschaftstheoretischen Ansätze, und zwar im Zusammenhang mit den Ansätzen des Empirismus (Induktion) und des Rationalismus (Deduktion) genannt (▶ Kap. 2.5) und sollen folgend spezifischer im Kontext der wissenschaftlichen Arbeit betrachtet werden.

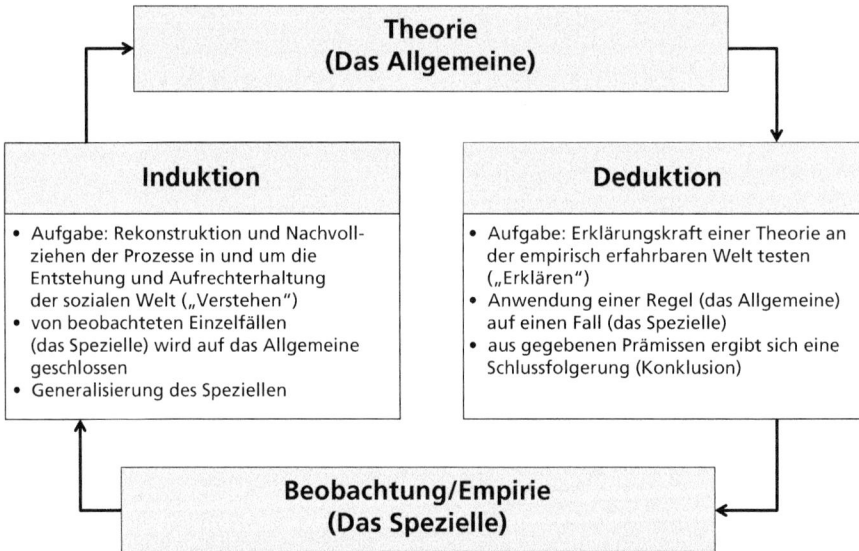

Abb. 17: Induktion – Deduktion (Quelle: In Anlehnung an Goldenstein et al. (2018), S. 38)

Bei der Generierung von wissenschaftlichen Aussagen lassen sich also zwei Herangehensweisen unterscheiden: Induktion und Deduktion (▶ Abb. 17).

Bei der induktiven Vorgehensweise werden in der Realität beobachtete Regelmäßigkeiten generalisiert. »Das Ziel ist also dabei, durch genaue Beobachtung und Abstraktion neue Konstrukte zu entwickeln und, durch deren Systematisierung, Theorie zu generieren, um neue Annahmen über allgemein vermutete Zusammenhänge abzuleiten [...].« (Goldenstein et al. (2018), S. 39) Wird beispielsweise in mehreren Unternehmen beobachtet, dass sich die Ausweitung des Weiterbildungsangebots auf die Arbeitszufriedenheit der Mitarbeiter auswirkt, so lässt sich ein genereller Zusammenhang zwischen Weiterbildungsangeboten und Mitarbeiterzufriedenheit vermuten. Die bei dieser Vorgehensweise erzielten Ergebnisse werden in der Regel mit bestehenden Theoriesystemen abgeglichen und verbunden, um den eigenen Beitrag zur Theorieentwicklung zu dokumentieren (vgl. Goldenstein et al. (2018), S. 39).

Kritiker der induktiven Vorgehensweise, insbesondere Popper (1994), beanstanden die Verallgemeinerung von Schlussfolgerungen, da letztlich immer nur eine endliche Menge an Beobachtungen möglich sei und dies keine Verallgemeinerung zuließe. Zudem könnten (durch deduktive Vorgehensweise) die generierten Aussagen in der Zukunft widerlegt werden, weil sich bspw. Techniken, Methoden oder wirtschaftliche Trends geändert haben. Wissenschaftler, die sich der induktiven Vorgehensweise bedienen, müssen sich demnach darüber bewusst sein, dass sie mit der Induktion zwar neues Wissen generieren, dieses aber nicht sicher ist (vgl. Eisend/ Kuß (2017), S. 64).

Bei der deduktiven Vorgehensweise werden aus einer bestehenden Theorie Hypothesen abgeleitet, die anhand einer Stichprobe in der Realität überprüft werden. Bei der Deduktion wird somit existierendes allgemeines Wissen auf entsprechende speziellere Fälle übertragen. Durch diese Vorgehensweise kann es zu einer Bestätigung, Widerlegung oder Weiterentwicklung der überprüften Theorie kommen. Der Ableitungsprozess von Hypothesen aus Theorien soll in Kapitel 3.2 im Rahmen des empirischen Forschungsprozesses beschrieben werden.

Theorie – Empirie / Theorie – Praxis

Die Theorie hat im Wesentlichen zwei Ziele, die sich auf die Beziehung zur Empirie und zur Praxis übertragen lassen. Sie hat einerseits ein theoretisches Wissenschaftsziel. Sie soll die Realität durchdringen, um Orientierungen und Einsichten zu gewinnen. Andererseits hat die Theorie ein pragmatisches Wissenschaftsziel. Das bedeutet, dass sie geistige Voraussetzungen schaffen soll, um die Realität zu verändern, um demnach Handlungsempfehlungen auszusprechen (vgl. Goldenstein et al. (2018), S. 30).

Die Theorie dient der Empirie als Orientierung, indem sie erwartete Wirkungsbeziehungen in der Realität vorgibt (▶ Abb. 18 (1)). Ob diese Wirkungsbeziehungen tatsächlich eintreten, wird empirisch überprüft und anschließend bestätigt, widerlegt oder entsprechend der praktisch beobachteten Wirkungsbeziehung modifiziert. Die Theorie bildet demnach den Rahmen, »innerhalb dessen sich die empirische Forschung bewegt.« (Kornmeier (2007), S. 90) Demnach kommt »ein empirisches Vorgehen nicht ohne theoretisches Fundament aus, da der untersuchte Ausschnitt der wirklichen Welt immer von einer bestimmten Perspektive aus und unter Einbezug einer bestimmten Welt- und Wertevorstellung betrachtet wird. Diese ergeben sich aus der zugrunde gelegten Theorie.« (Weber (2015), S. 26)

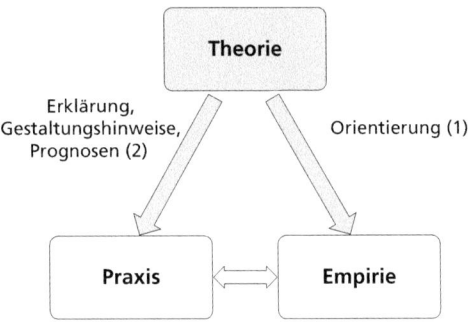

Abb. 18: Der Stellenwert der Theorie im Zusammenspiel mit Empirie und Praxis (Quelle: In Anlehnung an Kornmeier (2007), S. 90)

Zudem lassen sich aus den Theorien Aussagen wie bspw. Erklärungen, Handlungsempfehlungen und Prognosen ableiten, die für die Praxis (in Unternehmen, Verwaltungen oder Institutionen) von Nutzen sein können (▶ Abb. 18 (2)) (vgl. Kornmeier (2007), S. 90 f.). Dabei spielen die in der Empirie gewonnenen Erkenntnisse eine wesentliche Rolle. Theoretische Annahmen, die empirisch nicht überprüft wurden, lassen sich nur selten für eine Handlungsempfehlung heranziehen.

3.2 Empirie

Empirische Forschung in der BWL
Wie bereits in Kapitel 2.3 dargestellt wird die Betriebswirtschaftslehre im System der Wissenschaften den sogenannten Kultur- bzw. Geisteswissenschaften zugeordnet, zu denen auch die Soziologie, Jura und die Politikwissenschaften zählen. Daher verwundert es nicht, dass es Überschneidungen hinsichtlich der empirischen Forschungsmethoden der Betriebswirtschaftslehre mit den in anderen Geisteswissenschaften gängigen Methoden gibt. Bei empirischen Erhebungen greifen Ökonomen und auch andere Wissenschaftler in der Regel auf die Methoden der empirischen Sozialforschung zurück. Die Methoden werden insbesondere dann benötigt, »wenn Theorien zur Erklärung menschlichen Handelns, sozialer Strukturen und Zusammenhänge überprüft werden sollen.« (Schnell et al. (2018), S. 2) In der empirischen Forschung im Bereich der Betriebswirtschaftslehre geht es demnach »in erster Linie um den Zusammenhang von Theorie und Realität, also um die Überprüfung von theoretischen Aussagen am Maßstab realer Beobachtungen bzw. die Entwicklung von Theorien auf der Basis von Erfahrun-

gen.« (Eisend/ Kuß (2017), S. 18) In diesen Beschreibungen wird bereits die Relation zwischen Theorie und Empirie deutlich. Anhand von Beobachtungen, Befragungen, Experimenten oder anderen statistischen Methoden sollen theoretische Aussagen überprüft, generiert oder modifiziert werden. Empirische Forschung führt demnach dazu, »dass bisheriges Wissen infrage gestellt und ggf. verworfen oder modifiziert wird.« (Eisend/ Kuß (2017), S. 18) Dies unterstreicht erneut den Aspekt, dass Theorien immer nur vorläufige Gültigkeit besitzen und einer ständigen Konfrontation mit der Realität ausgesetzt sind. Eine endgültige Bestätigung (Verifizierung) ist »im engeren wissenschaftstheoretischen Sinne [zwar] nicht möglich, aber es gelingt immerhin schrittweise falsche Theorien auszusondern« (Schwaiger/ Starke (2011), S. 6).

In der Betriebswirtschaftslehre wird, wie auch in der Sozialwissenschaft, im Bereich der empirischen Forschung in der Regel auf das Grundverständnis des Kritischen Rationalismus zurückgegriffen. Den kritischen Rationalisten zufolge ist die Suche nach Erklärungen das Hauptziel der Wissenschaft. Es sollen demnach Antworten auf Warum-Fragen gefunden werden. Eine wesentliche Bedingung ist dabei, dass die Erklärungen ›wahr‹ sein sollen. Das bedeutet, dass sich die Erklärungen an der empirischen Realität als wahr herausstellen können. Werden diese Bedingungen erfüllt, kann dem Kritischen Rationalismus zufolge der Erkenntnisfortschritt maximiert werden. Die Betriebswirtschaftler bedienen sich in der empirischen Forschung daher überwiegend der deduktiven Vorgehensweise, um wissenschaftliche Erkenntnisse zu generieren. Demnach werden aus der forschungsrelevanten Theorie Hypothesen abgeleitet, die empirisch überprüft werden. Der empirische Forschungsprozess soll im Folgenden näher erläutert werden.

Der empirische Forschungsprozess

Viele Forschungsprojekte erfordern empirische Erhebungen, um die Qualität und den Nutzen des Projekts zu steigern. Oftmals liegen keine verwertbaren Daten zu dem geplanten Projekt vor, so dass eigens durch Interviews mit Experten, durch Beobachtungen, Experimente oder Befragungen Primärquellen zur Verwendung in der wissenschaftlichen Arbeit geschaffen werden müssen. Die empirische Arbeit erfordert unterschiedliche Fähigkeiten, die Studierende für die Durchführung mitbringen müssen. Daher soll im Folgenden das Herangehen an ein empirisches Forschungsprojekt beschrieben werden.

Forschungsprojekte folgen in der Regel einer bestimmten Abfolge. Im Folgenden sollen die fünf Arbeitsschritte ›Auswahl des Forschungsproblems‹, ›Theoriebildung‹, ›Konzeptspezifikation, Operationalisierung, Forschungsdesign‹, ›Empirische Untersuchung‹ und ›Schriftliche Aufbereitung‹ behandelt werden, wobei der Schwerpunkt in diesem Abschnitt auf den Phasen ›Theoriebildung‹, ›Konzeptspezifikation, Operationalisierung, Forschungsdesign‹ und ›Empirische Untersuchung‹ liegen wird, da die weiteren zwei Aspekte (›Auswahl des Forschungsproblems‹, ›Schriftliche Aufbereitung‹) wesentlicher Bestandteil des vierten Kapitels sein werden. In diesem Kapitel soll der Schwerpunkt auf der empirischen Datenerhebung liegen.

Zunächst wird im empirischen Forschungsprozess der Gegenstand der Forschung festgelegt und das Forschungsproblem formuliert. Das Forschungsproblem kann

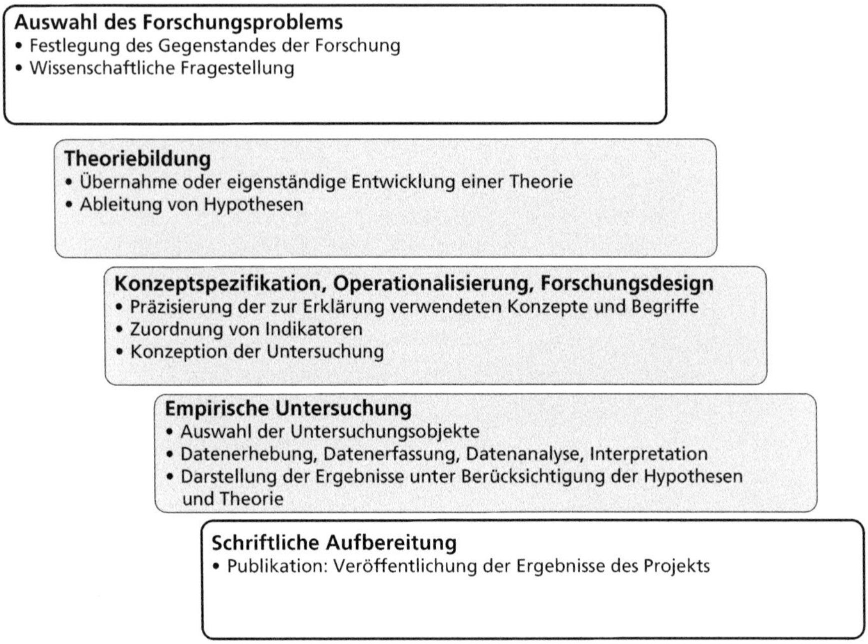

3 Theorie – Empirie – Praxis

Auswahl des Forschungsproblems
- Festlegung des Gegenstandes der Forschung
- Wissenschaftliche Fragestellung

Theoriebildung
- Übernahme oder eigenständige Entwicklung einer Theorie
- Ableitung von Hypothesen

Konzeptspezifikation, Operationalisierung, Forschungsdesign
- Präzisierung der zur Erklärung verwendeten Konzepte und Begriffe
- Zuordnung von Indikatoren
- Konzeption der Untersuchung

Empirische Untersuchung
- Auswahl der Untersuchungsobjekte
- Datenerhebung, Datenerfassung, Datenanalyse, Interpretation
- Darstellung der Ergebnisse unter Berücksichtigung der Hypothesen und Theorie

Schriftliche Aufbereitung
- Publikation: Veröffentlichung der Ergebnisse des Projekts

Abb. 19: Phasen des empirischen Forschungsprozesses (Quelle: In Anlehnung an Schnell et al. (2018), S. 3 ff. und Ebster/Stalzer (2017), S. 154)

durch Universitäten, Institute oder auch Unternehmen vorgegeben werden (Auftragsforschung, ▶ Kap. 3.3) oder auch durch eigene Initiative des Forschers, bspw. durch Beobachtung eines Problems in der Realität, herausgearbeitet werden (eigens initiierte Forschung). Der Umfang dieses Arbeitsschrittes hängt wesentlich davon ab, ob die Forschung in Auftrag oder in eigener Initiative erfolgt, denn eine eigens initiierte Forschung erfordert beispielsweise sehr viel Vorarbeit und Literaturrecherche (▶ Kap. 4.2 und 4.3).

Sobald der Themenbereich der Forschung ausgewählt wurde, beginnt die Phase der Theoriebildung. Teilweise existieren in dem gewählten Forschungsbereich bereits ausgearbeitete Theorien, die übernommen und auf die eigene Forschungsfrage angewendet werden können (vgl. Schnell et al. (2018), S. 3 ff.). Liegen jedoch bisher keine ausgearbeiteten Theorien in der Literatur vor, muss eine Theorie für den ausgewählten Gegenstandsbereich hergeleitet werden. Dabei reicht in manchen Fällen bereits eine Änderung der Perspektive auf das Forschungsproblem. Durch »andersartige Überlegungen, neue Erfahrungen oder neu entwickelte Instrumente« (Helfrich (2016), S. 54) kann der Blickwinkel auf und die Einstellung zum Forschungsproblem Veränderungen erfahren. Oftmals können zudem Theorien aus verwandten Gegenstandsbereichen in das eigene Forschungsfeld übernommen werden, wodurch es ebenfalls zu einem Perspektivwechsel auf die Theorie kommen kann (vgl. Schnell et al. (2018), S. 5).

Durch induktive Vorgehensweise können überdies Theorien zum Forschungsproblem generiert und anschließend mit bestehenden Theorien verknüpft werden. Aus der Theorie werden anschließend die Forschungsfrage(n) und die entsprechenden Hypothesen abgeleitet. Die Formulierung der Forschungsfrage(n) und der Hypothesen erleichtert den weiteren Forschungsprozess, da bspw. genau zu klärende Begriffe, anzuwendende Forschungsmethoden und die Untersuchungsobjekte bestimmt werden können. Ausführende Hinweise zur Entwicklung einer passenden wissenschaftlichen Forschungsfrage und der/ den entsprechenden Hypothese(n) werden in Kapitel 4.2 erläutert.

In der Phase der Konzeptspezifikation wird/ werden die der Untersuchung zugrunde liegenden Theorie(n) präzisiert, indem Konzepte und Begriffe geklärt werden. Oftmals sind diese zu Beginn eines Forschungsprojekts noch zu vage formuliert und müssen präzisiert werden, um genaue Messanweisungen für die Untersuchung geben zu können (vgl. Schnell et al. (2018), S. 112). Es handelt sich hierbei demnach um das Herleiten begrifflicher Definitionen, wie sie in Kapitel 2.4 beschrieben werden. Durch die exakte Definition der verwendeten Begriffe wird das zu untersuchende Problem eingegrenzt und genaue Messanweisungen werden formulierbar. In der Phase der Operationalisierung werden den theoretischen Begriffen sogenannte Indikatoren, also beobachtbare Sachverhalte bzw. empirisch überprüfbare Größen, zugeordnet (vgl. Schnell et al. (2018), S. 6).

Tab. 8: Konzeptspezifikation und Operationalisierung (Quelle: Eigene Darstellung in Anlehnung an Kornmeier (2007), S. 99)

Bezeichnung	Beschreibung	Beispiel
Aus der Theorie abgeleitete Hypothese	Formulierung einer zu überprüfenden Aussage zum Untersuchungsproblem	Je größer ein Unternehmen, desto größer sein Erfolg.
Konzeptspezifikation	Spezifizierung/ Definition der Begriffe des zu untersuchenden Gegenstandsbereichs	Theoretische Begriffe: • Unternehmensgröße • Unternehmenserfolg
Operationalisierung	Umwandlung der theoretischen Konstrukte in empirisch überprüfbare Größen	Indikatoren: • Zahl der Mitarbeiter • Bilanzsumme • Jahresumsatz • Zahl der Produkte • Gewinn • Gewinnwachstum • Umsatzrendite • Marktanteil

In der Phase ›Forschungsdesign‹ werden die methodenspezifischen Verfahren festgelegt. Es werden zudem Entscheidungen getroffen, wie bei der Untersuchung vorgegangen werden soll (Zeitpunkt, Ort, Häufigkeit und Art und Weise der Untersuchung). Die Art der Operationalisierung hängt teilweise auch von der Untersuchungsart ab, weshalb diese beiden Phasen oftmals zeitgleich ablaufen (vgl. Schnell et al. (2018), S. 7).

In der Phase der empirischen Untersuchung werden zunächst die Untersuchungsobjekte ausgewählt und der Umfang der Stichprobe wird bestimmt. Anschließend folgen die Phasen der Datenerhebung (quantitative vs. qualitative Forschungsmethoden, ▶ Kap. 3.3), der Datenerfassung (Speicherung, Aufnahme, Niederschrift der erhobenen Daten), der Datenanalyse (Auswertung der Ergebnisse mittels statistischer Analyseverfahren) und der Interpretation der Ergebnisse. Bei der Datenanalyse und der Interpretation der Ergebnisse müssen die zuvor abgeleiteten Hypothesen sowie die zugrunde liegende Theorie einbezogen werden. Dadurch kann es zur Erklärung bzw. Lösung des Problems kommen (Rückkopplung zwischen Theorie und empirischen Resultaten). Oftmals ergeben sich durch das Forschungsprojekt allerdings auch neue Fragestellungen und Forschungslücken, die es mit einem neuen Forschungsprojekt zu untersuchen gilt.

Die Ergebnisse des Forschungsprojekts müssen in einem letzten Schritt schriftlich aufbereitet werden. Die Publikation der Ergebnisse kann in Form von Vorträgen, Aufsätzen, Büchern, Diskussionen, Kritiken oder ähnliches erfolgen.

Quantitative und qualitative Forschungsmethoden

Um Erkenntnisse durch Erfahrungen zu sammeln, wird ein fachspezifisches Methodeninventar benötigt. Forschungsmethoden sind (vereinfacht ausgedrückt) Verfahren, »mit denen sich systematisch und nachvollziehbar Informationen über Sachverhalte erheben und analysieren lassen.« (Ebster/ Stalzer (2017), S. 150 f.) Dabei kann zwischen quantitativen (positivistischen) und qualitativen (interpretativen) Verfahren unterschieden werden. Bei der quantitativen Forschung werden Methoden verwendet, »mit denen empirische Beobachtungen über ausgewählte Merkmale systematisch einem Kategoriensystem (Skala) zugeordnet und auf einer zahlenmäßig breiten Basis gesammelt werden.« (Ebster/ Stalzer (2017), S. 151) Es geht demnach bei der quantitativen Forschung darum, möglichst umfangreiches Datenmaterial zu sammeln und dieses anschaulich darzustellen. Die beobachteten Merkmale werden im Hinblick auf die Häufigkeit des Auftretens sowie im Hinblick auf ihre graduellen Ausprägungen mit Hilfe von statistischen Methoden analysiert (vgl. Ebster/ Stalzer (2017), S. 151). Bei der Datenerhebung muss der Forscher strukturiert vorgehen, um eine valide und reliable Messung, die für Dritte überprüfbar ist, zu garantieren. Nur so kann die Wissenschaftlichkeit der Datenerhebung gewährleistet werden. Bei der qualitativen Forschung werden Methoden verwendet, die »auf eine überschaubare Anzahl von Untersuchungseinheiten zurück[greifen], die sehr detailliert erfasst und beschrieben werden.« (Ebster/ Stalzer (2017), S. 151 f.) Die bei der Erhebung gewonnenen Daten werden analysiert, klassifiziert und interpretiert (vgl. Ebster/ Stalzer (2017), S. 152).

Die Entscheidung für quantitative oder qualitative Forschungsmethoden zur Bearbeitung des eigenen Forschungsproblems hängt im Wesentlichen von vier Faktoren ab. Zunächst sollte festgestellt werden, ob es zu dem Forschungsthema

Tab. 9: Quantitative versus qualitative Forschung (Quelle: In Anlehnung an Ebster/ Stalzer (2017), S. 151 f.)

	Quantitative Forschung	**Qualitative Forschung**
Ziel	Quantifizierte Ergebnisse, die auf valider und reliabler Messung beruhen	Qualitatives Verstehen des Forschungsgegenstands
Bezug zur Theorie	Dient primär der Überprüfung von Theorien	Dient primär der Entdeckung und Bildung von Theorien
Beispielmethoden	Standardisierte Befragung, quantitative Beobachtung, Experiment, quantitative Inhaltsanalyse	Qualitative Interviews, Gruppendiskussion, teilnehmende Beobachtung, qualitative Inhaltsanalyse
Stichprobe	Relativ groß; meist mehrere 100 Personen	Relativ klein; meist weniger als 50 Personen
Datensammlung	Strukturiert und standardisiert	(Relativ) unstrukturiert und flexibel
Datenanalyse	Statistische Methoden	Verstehen, klassifizieren, interpretieren

bereits Theorien gibt, aus denen Hypothesen zur weiteren Bearbeitung abgeleitet werden können. Die quantitative Forschung dient primär der Überprüfung von Theorien und kann daher angewendet werden, wenn die Literatur das Herleiten von Hypothesen ermöglicht. Bei fehlender oder mangelnder Literatur können qualitative Methoden zur Entdeckung und Bildung von Theorien genutzt werden. Des Weiteren hängt die Entscheidung von der Größe der verfügbaren Stichprobe ab. Für quantitative Forschungsmethoden wird in der Regel eine deutlich größere Stichprobe benötigt, um aussagekräftige Ergebnisse zu erhalten. Steht lediglich eine (relativ) kleine Stichprobe zur Verfügung können qualitative Forschungsmethoden ggf. gehaltvollere Ergebnisse liefern. Weiterhin sollte überprüft werden, welche Kontaktmethoden zur Kontaktaufnahme mit der Stichprobe zur Verfügung stehen. Quantitative Methoden (wie bspw. die standardisierte Befragung) können oftmals digital durchgeführt werden, wohingegen bei qualitativen Methoden ein persönlicher Kontakt mit der Stichprobe notwendig ist (bspw. für teilnehmende Beobachtungen). Allerdings bieten digitale Techniken inzwischen auch für qualitative Methoden immer mehr Techniken (bspw. ein Interview per Skype). Die Entscheidung für eine quantitative oder für eine qualitative Methode hängt letzten Endes auch von den persönlichen Stärken und Präferenzen ab. Die Durchführung eines persönlichen Interviews erfordert bspw. bestimmte kommunikative Kompetenzen, mit denen sich nicht jeder Forschende vertraut fühlt (vgl. Ebster/ Stalzer (2017), S. 152 f.).

Sollte keiner der beiden Forschungsansätze ausreichend erscheinen, »dann gibt es immer noch die Möglichkeit der Triangulation, bei der sowohl qualitative als auch quantitative Methoden eingesetzt werden, um den Forschungsgegenstand aus verschiedenen Blickwinkeln zu untersuchen.« (Ebster/ Stalzer (2017), S. 153)

☞ **Empirie – Theorie**

☞ **Empirie – Praxis**

Theorien können mittels empirischer Forschung überprüft werden. Die empirische Prüfung der theoretischen Aussagen führt zur Verifikation, Falsifikation bzw. Modifikation der Theorie. Diese Rückkopplung von der Empirie zur Theorie kann dementsprechend zum wissenschaftlichen Fortschritt führen (deduktive Vorgehensweise) (▶ Abb. 20 (1)). Zudem bilden die »in der Empirie gewonnenen Erkenntnisse [...] die Grundlage der (Handlungs-)Empfehlungen für Unternehmen (z. B. Anwendung der Marktforschungsinstrumente), was ggf. ein ›Feed back‹ der Praxis auslöst« (Kornmeier (2007), S. 90).

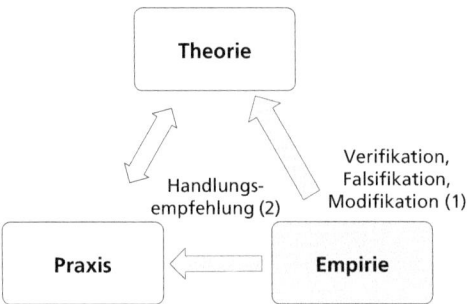

Abb. 20: Der Stellenwert der Empirie im Zusammenspiel mit Theorie und Praxis (Quelle: In Anlehnung an Kornmeier (2007), S. 90)

3.3 Praxisbezug in wissenschaftlichen Arbeiten

☞ **Transferkompetenz**

Weiterbildende Studiengänge stellen einen Brückenschlag zwischen Wissenschaft und (Unternehmens-)Praxis her. Die Studiengänge richten sich demnach auch an einen Studienkreis, der bereits über berufspraktische Kenntnisse verfügt. Dadurch bewegen sich Studierende weiterbildender Studiengänge bereits zu Beginn des Studiums in einer bestimmten Branche und werden die wissenschaftliche Arbeit bzw. Forschungsarbeit im Regelfall auch auf diese Branche fokussieren. Die Herausforderung besteht dann in der sinnstiftenden Verbindung von berufspraktischem Wissen und wissenschaftlichem Wissen. Für diese Verknüpfung ist von den Studierenden ein hohes Maß an Transferkompetenz gefordert. Schulte (2014) versteht unter Transferkompetenz

> »die Fähigkeit, in einer Situation Gelerntes erfolgreich in eine andere Situation übertragen zu können, und diese Erfahrung aktiv zu nutzen. Personen mit viel Transferkompetenz wenden daher beispielsweise ihr fachliches Wissen besser in neuen beruflichen Situationen an, achten stärker darauf, wie sich dieses Wissen dort bewährt, und nutzen diese Erfahrungen dann

erfolgreicher beim weiteren Lernen in ihrem Fach. Ebenso nutzen sie öfter die Erfahrungen, die sie in ihrer beruflichen Praxis machen, in Situationen, in denen sie ihr fachliches Wissen erweitern sollen.« (Schulte (2014), S. 33)

Anwendungsbezug in wissenschaftlichen Arbeiten

Für die wissenschaftliche Arbeit bedeutet dies, dass die »(Rück-)Übertragung oder Anwendung von Theorien oder Modellen [...] bei der Lösung eines Praxisproblems helfen« (Klein (2018), S. 31) soll. Dem Studierenden muss es also mittels der wissenschaftlichen Arbeit gelingen, ein in der Praxis beobachtetes Forschungsproblem mit Hilfe von Theorie(n) zu beschreiben, zu erklären und erfahrungsgemäß auch Handlungsempfehlungen auszusprechen oder Prognosen anzustellen. In der Regel wird dabei auf empirische Forschungsmethoden zurückgegriffen, wie sie in Kapitel 3.2 beschrieben werden.

Der Anwendungsbezug kann durch verschiedene Kriterien hergestellt werden, die Tabelle 10 dargestellt werden.

Tab. 10: Anwendungsbezug in wissenschaftlichen Arbeiten (Quelle: In Anlehnung an Rasche (2017), S. 46)

Branchenbezug	Telekommunikation, Informationstechnik, Medientechnik, Unterhaltungselektronik (Entertainment), Healthcare, Biomed, Automotive, Fast Moving Consumer Goods (FMCG)
Institutionenbezug	Kleine und Mittelständische Unternehmen (KMU), Start-ups, DAX-Unternehmen, Non-Profit-Organisationen (NPOs), Nichtregierungsorganisationen (NGOs)
Funktionenbezug	Beschaffung, Forschung und Entwicklung (FuE), Design, Produktion, Marketing, Vertrieb
Problemlösungsbezug	Big Data-Implikationen für Klinikkonzerne, Automotive_4.0
Methodenbezug	Balanced Score Card, Business Model Canvass, TQM, Six Sigma
Fallbezug	Die Alpha-Corporation ... (Storytelling)

Zunächst kann die wissenschaftliche Arbeit auf eine bestimmte Branche bezogen werden. Berufstätige Autoren werden dies erfahrungsgemäß automatisch tun, da sie durch ihre Berufserfahrung in einer Branche, über diese auch die umfangreichsten Kenntnisse mitbringen. Des Weiteren kann sich die wissenschaftliche Arbeit auf eine bestimmte Form von Institution oder auf die betriebswirtschaftliche Funktion beziehen. Diese drei Bereiche lassen sich in einer wissenschaftlichen Arbeit sehr gut kombinieren, wodurch das Thema der Arbeit bspw. eingegrenzt werden kann. Dies ist von Vorteil, wenn das Forschungsthema in der Ursprungsform sehr weit gefasst ist und damit innerhalb einer Arbeit kaum bearbeitbar ist (▶ Kap. 4.2). Je nach Branche und Unternehmensform kann in der Arbeit noch ein Problemlösungsbezug, ein Methodenbezug oder ein spezieller Fallbezug hergestellt werden. Zusätzlich gibt es in der speziellen Betriebswirtschaft die Möglichkeit, sich innerhalb der Forschungsarbeit nach der Genese der Unternehmen zu orientieren (bspw. Unternehmensgründung, Unternehmenssanierung, etc.) (vgl. Rasche (2017), S. 46).

Bei anwendungsbezogenen Arbeiten sollte beachtet werden, dass keine Aussage ohne Theorie geleitete Fundierung gemacht und keine Mutmaßungen oder Prognosen ohne belastbares Datenmaterial abgegeben werden. Eine analytisch-quellenbezogene Arbeitsweise sollte weiterhin bestehen, um die Generalisierung von Einzelfallbeispielen zu vermeiden (vgl. Rasche (2017), S. 46).

Vor- und Nachteile in der Zusammenarbeit mit einem Unternehmen
Berufstätige Autoren können sich überlegen, ihre wissenschaftliche Arbeit in Zusammenarbeit mit dem Unternehmen zu schreiben. Die Arbeit richtet sich in diesem Fall an mindestens zwei Adressaten und muss daher mindestens den Ansprüchen der Hochschule und denen des Praxisbetreuers entsprechen. Die Zusammenarbeit bietet einige Vorteile, sie birgt aber auch Nachteile. Inwiefern die Vor- oder die Nachteile die Arbeit beeinflussen, sollte vor der Erstellung der wissenschaftlichen Arbeit grundlegend überlegt werden, um Frust, Missverständnisse und Konflikte mit dem wissenschaftlichen Betreuer oder dem Arbeitgeber zu vermeiden:

Vorteile in der Zusammenarbeit mit einem Unternehmen (vgl. Oehlrich (2015), S. 15 f., vgl. Klein (2018), S. 19 ff.):

- Die Zusammenarbeit zwischen Wissenschaft und Praxis kann zunächst einen großen Vorteil darstellen, da das erworbene akademische Wissen direkt auf die Praxis transferiert werden kann. Dadurch können äußerst aussagekräftige Ergebnisse erzielt werden, die nicht nur dem wissenschaftlichen, sondern auch dem betrieblichen Fortschritt dienen können.
- Bei Berufstätigen kann ggf. die Organisation oder das Unternehmen den Auftrag zur Forschung geben. Das Thema bzw. das Forschungsproblem ist dann in der Regel mehr oder weniger spezifisch vorgegeben. Das kann dem Studierenden die erfahrungsgemäß umfangreiche Vorarbeit zur Themenfindung deutlich erleichtern. Die aus dem Forschungsproblem hergeleiteten Forschungsfragen werden in diesem Fall praxisnah formuliert und können daher für das Unternehmen verwertbare Erkenntnisse erzielen.
- Ein wichtiges Qualitätskriterium wissenschaftlicher Arbeiten ist die Relevanz der Thematik. Studierende praxisorientierter Studiengänge haben den Vorteil, die Relevanz ihrer Forschungsarbeit durch die eigene Berufserfahrung besser einschätzen zu können. Denn das gewählte Thema der wissenschaftlichen Arbeit muss in jedem Fall bearbeitungswürdig sein und sollte nicht entkoppelt von der Realität sein. Die Arbeit sollte demnach auch einen gewissen Erkenntniswert und Nutzen haben.
- Von Vorteil ist zudem eine große Anwendungsbreite der Methodik. Die Methodik, die Theorien und Paradigmen sollten wissenschaftlich akzeptiert sein. In anwen-

dungsorientierten Studiengängen wird dabei zumeist auf die empirische Sozialforschung zurückgegriffen.
- Durch finanzielle Unterstützung seitens des Unternehmens können zudem umfangreichere empirische Erhebungen ermöglicht werden, die für die Studierenden oftmals einen zu hohen finanziellen Aufwand bedeuten. Zudem kann das Unternehmen selbst wichtige Quellen, Informationen und Material bzw. Informanten und Experten für die empirische Erhebung anbieten, an die Studierende ansonsten nur schwer herankommen.

Nachteile (bzw. Herausforderungen) in der Zusammenarbeit mit einem Unternehmen (vgl. Oehlrich (2015), S. 15 f., vgl. Klein (2018), S. 19 ff.):

- Die erste Herausforderung, mit der sich Studierende konfrontiert sehen können, ist die Formulierung eines geeigneten Forschungsthemas. Zwar können sie bei der Formulierung der Forschungsfrage auf ihre berufspraktischen Erfahrungen zurückgreifen bzw. kann das Forschungsthema auch vom Unternehmen vorgegeben werden, dieses muss aber nicht immer den wissenschaftlichen Anforderungen entsprechen. Unternehmen sind in der Regel an konkreten Problemlösungen bzw. Handlungsempfehlungen interessiert, die nicht unbedingt den wissenschaftlichen Interessen entsprechen müssen. Das Forschungsthema sollte daher ausführlich mit dem Betreuer der Hochschule und dem im Unternehmen verantwortlichen Ansprechpartner abgestimmt sein. Weiterbildende Studiengänge für Fach- und Führungskräfte bieten in dieser Arbeitskombination oftmals den Vorteil, dass die Dozierenden selbst berufspraktische Erfahrungen mitbringen und somit aufgeschlossener für anwendungsbezogene Projekte sein können.
- Das Unternehmen wird hinsichtlich der Darstellung des eigenen Betriebs Anforderungen an die Forschungsarbeit haben. Es kann daher passieren, dass einzelne Aspekte, die in der (Unternehmens-)Praxis beobachtet wurden, in der Arbeit nicht zur Erwähnung kommen.
- Des Weiteren sollte mit dem Betreuer an der Hochschule und auch mit dem Ansprechpartner im Unternehmen vereinbart werden, welches Zeitbudget für die Arbeit zur Verfügung steht. Auch in diesem Punkt können die Interessen der Hochschule und des Unternehmens weit auseinander liegen. Daher sollte bereits im Vorhinein sichergestellt sein, dass dem Studierenden von beiden Seiten genügend Freiraum zur Erstellung der Arbeit zur Verfügung gestellt wird.
- Bei einer praxisorientierten Arbeit in Zusammenarbeit mit einem Unternehmen werden dem Studierenden oftmals Informationen und Material aus dem Unternehmen zur Verfügung gestellt, die er zur Bearbeitung des Forschungsprojekts verwenden kann. Der Studierende sollte mit dem Unternehmen bereits vor der Erstellung der Arbeit abklären, inwiefern diese unternehmensbezogenen Informationen und Quellen für die Arbeit verwendet und der Hochschule zur Verfügung gestellt werden können. In diesem Rahmen sollte gleichzeitig abgeklärt werden, ob die Arbeit veröffentlicht bzw. weiterverwendet werden darf oder ob es eines Sperrvermerks bedarf.

Zusammenfassend kann also festgehalten werden, dass die praxisorientierte Arbeit in Zusammenarbeit mit einem Unternehmen sehr aufschlussreiche und problemlösungsorientierte Ergebnisse liefern kann, die Zusammenarbeit sollte allerdings genauestens zwischen dem Unternehmen und der Hochschule abgestimmt sein, um spätere Schwierigkeiten in der Zusammenarbeit zu vermeiden (▶ Tab. 11).

Tab. 11: Vor- und Nachteile in der Zusammenarbeit mit dem Unternehmen (Quelle: Eigene Darstellung in Anlehnung an Oehlrich (2015), S. 15 und Klein (2018), S. 19 ff.)

Vorteile	• Zusammenarbeit von Wissenschaft und Praxis • Vorgabe eines Forschungsproblems • Praxisnahe Forschungsfrage → Schaffung verwertbaren Wissens • Relevanz der Arbeit ist relativ sichergestellt • Evtl. finanzielle Unterstützung (bei eigenen Datenerhebungen, Forschungsreisen, etc.) • Quellen, Informationen und Material für empirische Erhebungen im Unternehmen vorhanden • Erhöhung der Einstellungs- bzw. Übernahmechance
Herausforderungen (Nachteile)	• Praxisorientierung versus wissenschaftliche Anforderungen • Ansprüche des Unternehmens bezüglich der Darstellung des Betriebs • Synchronisierung Bearbeitungszeit mit Unternehmensanforderungen • Starke Einbindung in den operativen Unternehmensalltag zulasten des wissenschaftlichen Arbeitens

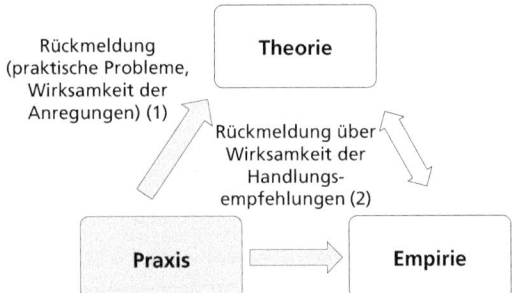

Abb. 21: Der Stellenwert der Praxis im Zusammenspiel mit Theorie und Empirie (Quelle: In Anlehnung an Kornmeier (2007), S. 90)

Praxis – Theorie / Praxis – Empirie

In Kapitel 3.1 wurde dargestellt, dass sich aus Theorien Erklärungen, Gestaltungshinweise und Prognosen ableiten lassen, die der Unternehmenspraxis als Orientierung dienen können. Die aus der Theorie abgeleiteten Aussagen werden empirisch überprüft, »was ggf. ein ›Feed-back‹ der Praxis [an die Empirie] auslöst.« (Kornmeier (2007), S. 91) Somit können Handlungsempfehlungen, die aus der Empirie hervorgingen, in ihrer praktischen Umsetzung unterstützt, verworfen oder modifiziert werden.

Die Unternehmenspraxis kann die aus der empirischen Forschung »gesammelten Erfahrungen an die ›Scientific community‹ weiter[geben] und fördert damit den Prozess der Erkenntnisgewinnung.« (Kornmeier (2007), S. 91) Die Unternehmenspraxis gibt demnach Rückmeldung über die Wirksamkeit der theoretischen Anregungen und kann über Probleme der praktischen Umsetzung theoretischer Konzepte aufklären.

Weiterführende Literatur zu Kapitel 3

Kapitel 3.1:
Goldenstein, Jan; Hunoldt, Michael; Walgenbach, Peter (2018): Wissenschaftliche(s) Arbeiten in den Wirtschaftswissenschaften, Themenfindung – Recherche – Konzeption – Methodik – Argumentation, Wiesbaden. (Kapitel 3)

Kapitel 3.2:
Schnell, Rainer; Hill, Paul Bernhard; Esser, Elke (2018): Methoden der empirischen Sozialforschung. 11. überarbeitete Auflage. Berlin, Boston.
Ebster, Claus; Stalzer, Lieselotte (2017): Wissenschaftliches Arbeiten für Wirtschafts- und Sozialwissenschaftler, 3., überarb. Aufl., Wien. (Kapitel 10-14)

Kapitel 3.3:
Oehlrich, Marcus (2015): Wissenschaftliches Arbeiten und Schreiben. Schritt für Schritt zur Bachelor- und Master-Thesis in den Wirtschaftswissenschaften, Berlin, Heidelberg. (Kapitel 2.4)

4 Wissenschaftliche Methodik

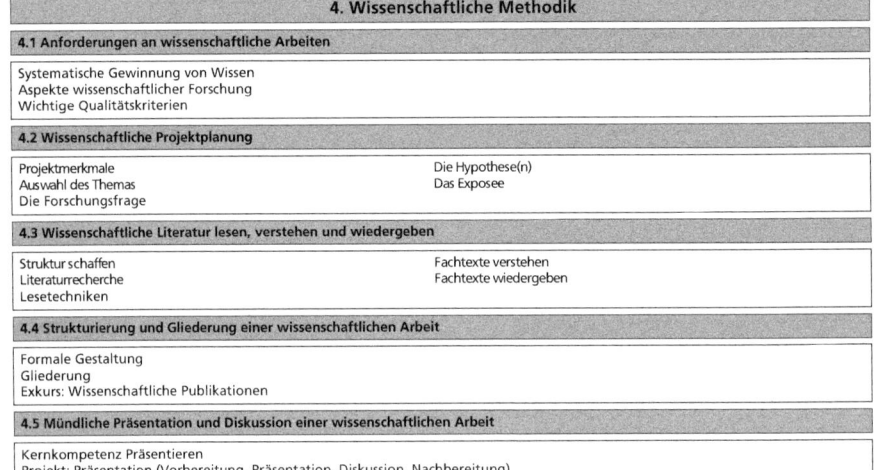

Abb. 22: Übersicht zum vierten Kapitel

Durch die Erstellung einer wissenschaftlichen Arbeit sollen Studierende unter Beweis stellen, dass sie die wissenschaftliche Methodik beherrschen und wissenschaftliche Probleme erkennen und, unter Einhaltung der formalen Standards, innerhalb einer vorgegebenen Frist schriftlich klar darstellen können. Die verschiedenen Formen wissenschaftlicher Arbeiten, denen Studierende während ihres Studiums begegnen (Referate/ Präsentationen, Seminararbeiten, Bachelorarbeit, Masterarbeit, Dissertation, etc.), unterscheiden sich zumeist in Art, Aufbau und Umfang sowie im Anspruch an die eigenständige Arbeitsweise der Studierenden. Ihnen allen ist allerdings gemein, dass an sie wissenschaftliche Qualitätsanforderungen gestellt werden, die sie erfüllen müssen, um als wissenschaftliche Arbeit zu gelten. Diese Qualitätsanforderungen gelten darüber hinaus auch für wissenschaftliche Beiträge außerhalb des Hochschulkontextes und finden daher auch für Artikel und Arbeiten Verwendung, die bspw. für Unternehmen, Forschungsinstitute oder andere Institutionen verfasst werden sollen.

Die Kompetenzen, die bei der Erstellung wissenschaftlicher Arbeiten erworben werden, werden unterschätzt. Dabei handelt es sich um eine Schlüsselkompetenz, die auch für die anschließende oder die begleitende berufliche Tätigkeit von Vorteil sein kann und somit systematisch während des Studiums gefördert werden sollte. Die Fähigkeiten des eigenständigen Zeitmanagements, der systematischen und strukturierten Arbeitsweise, der zielgerichteten Recherchearbeit und der Präsentationsfähigkeit können somit von den Studierenden während des Studiums entwickelt werden. Erwerbstätige haben hierbei den Vorteil, dass sie viele der geforderten Kompetenzen in ihrem Beruf bereits erproben und entwickeln können. Dennoch macht es auch für sie einen Unterschied, ob sie diese Kompetenzen im Beruf oder in der Wissenschaft einsetzen. Daher lohnt es sich, die wissenschaftlichen Schlüsselkompetenzen durch regelmäßige Übung auszubauen und zu perfektionieren.

4.1 Anforderungen an wissenschaftliche Arbeiten

Bei der wissenschaftlichen Arbeit wird eine Frage oder ein Problem des jeweiligen Forschungsbereichs oder der jeweiligen beruflichen Branche innerhalb einer begrenzten Zeit erforscht und bearbeitet. Durch die wissenschaftliche Tätigkeit sollen einerseits neue Erkenntnisse generiert und innovative Lösungsansätze gefunden werden, andererseits sollen mittels wissenschaftlicher Arbeiten bestehende Erkenntnisse in einem neuen Zusammenhang diskutiert werden.

Die Erstellung einer wissenschaftlichen Arbeit erfordert grundsätzlich umfangreiche konzeptionelle Vorarbeit: Der Problembereich der Arbeit muss erfasst werden, die für das Forschungsgebiet relevante Literatur muss beschafft und gesichtet sowie die Forschungsfrage muss formuliert werden. Für diese konzeptionelle Arbeit ist es wichtig, dass sich der Verfasser der Arbeit der Anforderungen an wissenschaftliche Arbeiten bewusst ist. In Kapitel 2.6 wurden bereits die generellen Anforderungen an das wissenschaftliche Arbeiten vorgestellt, die sich aus den wissenschaftstheoretischen Grundlagen ergeben. In diesem Kapitel sollen nun die spezifischen Anforderungen und Qualitätskriterien für wissenschaftliches Arbeiten vorgestellt werden. Dazu soll zunächst dargestellt werden, welche Quellen zur systematischen Gewinnung von Wissen dem Verfasser überhaupt zur Verfügung stehen. Die Wahl einer adäquaten Vorgehensweise zur Erkenntnisgewinnung entscheidet über die Qualität der Ergebnisse und damit letztendlich auch über die Verwertbarkeit der Arbeit. Des Weiteren werden in diesem Kapitel drei Aspekte der wissenschaftlichen Forschung beschrieben, die in das Konzept der wissenschaftlichen Arbeit einbezogen werden sollten. Sie beeinflussen den Aufbau der Arbeit, begründen ihre Relevanz sowie die ausgewählte Forschungsfrage und Methodik, die der Arbeit zugrunde liegt und sie stellen die Sinnstiftung der Ergebnisse und Erkenntnisse dar. Im Anschluss werden die wichtigsten Qualitätskriterien für wissenschaftliche Arbeiten zusammengefasst dargestellt.

Systematische Gewinnung von Wissen

Zur Erstellung einer wissenschaftlichen Arbeit stehen unterschiedliche Quellen zur systematischen Gewinnung von Wissen zur Verfügung. »Je nach Art der Informationsbeschaffung (Sekundär- vs. Primärforschung) und Herkunft der Informationen (Literatur vs. Empirie) ergeben sich vier Möglichkeiten« (Kornmeier (2007), S. 107), die im Folgenden näher erläutert werden sollen (▶ Abb. 23). Für welche dieser Quellen und Vorgehensweisen sich der Verfasser entscheidet, hängt im Wesentlichen vom Fachbereich des Studiums, von der Themenstellung und/ oder von der Forschungsfrage ab. Teilweise hängt die Entscheidung zudem von zeitlichen und finanziellen Kapazitäten und der Verfügbarkeit der Wissensquellen ab.

Informations- beschaffung	Herkunft der Informationen	
	Literatur	Empirie
Sekundärforschung	Literaturstudium	Schreibtischforschung („Desk Research")
Primärforschung	Meta-Analyse	Feldforschung („Field Research")

Abb. 23: Quellen zur systematischen Gewinnung von Wissen (Quelle: In Anlehnung an Kornmeier (2007), S. 107)

Die wissenschaftliche Arbeit kann zum einen rein literaturgestützt erarbeitet werden. Dabei steht die Beschäftigung mit Sekundärquellen und Datenbanken im Vordergrund. Durch das Literaturstudium wird bestehendes Wissen kritisch durchleuchtet und somit in Frage gestellt. Dadurch können bestehende Erkenntnisse in einem neuen Zusammenhang diskutiert werden. Die literaturgestützte Arbeit setzt eine qualitativ gute und umfangreiche Literaturbasis voraus (vgl. Kornmeier (2007), S. 107 f.).

Die wissenschaftliche Arbeit kann aber auch durch eine Metaanalyse erstellt werden. Dabei werden bereits bestehende Untersuchungen und Daten (z. B. aus wissenschaftlichen Journalen) analysiert und mit statistischen Verfahren ausgewertet. Die Metaanalyse kann daher auch als eine Kombination von Primär- und Sekundärforschung angesehen werden, da sie einerseits auf vorhandene Daten zurückgreift, diese aber wie in einer Primärforschung analysiert und verwertet. Sie ist besonders dann sinnvoll, wenn eine eigene Datenerhebung nicht möglich ist oder wenn bereits eine umfangreiche Datenbasis zum Forschungsgebiet vorliegt (vgl. Kornmeier (2007), S. 108).

Eine weitere Vorgehensweise ist die sogenannte Schreibtischforschung (›Desk research‹). Bei der Schreibtischforschung handelt es sich um eine Sekundäranalyse, bei der bereits erhobene Daten erneut und auf den eigenen Forschungsschwerpunkt bezogen analysiert werden. Dazu werden Datenbestände mit jeweils adäquaten statistischen Verfahren ausgewertet. Die relevanten Datensätze können bspw. über Datenarchive verschiedener Institutionen oder Organisationen bezogen werden (vgl. Kornmeier (2007), S. 108).

Als vierte Option steht den Wissenschaftlern die in der Regel umfangreichere Feldforschung (›field research‹) als methodische Vorgehensweise zur Verfügung. Hierbei werden Primärdaten eigenständig erhoben und anschließend mit statistischen Verfahren ausgewertet. Die empirische Datenerhebung setzt somit zeitliche und teilweise finanzielle Kapazitäten sowie Kenntnisse über statistische Verfahren voraus. Sie wird insbesondere dann angewendet, wenn bisher keine, nur wenige oder ungeeignete Daten zum Forschungsgebiet vorliegen. Mittels Befragung, Beobachtung oder Experiment können bei der Feldforschung adäquate Daten für das eigene Themengebiet erhoben werden (vgl. Kornmeier (2007), S. 108).

In der Regel können für die wissenschaftliche Arbeit verschiedene Quellen miteinander verknüpft werden. So werden erfahrungsgemäß theoretische mit empirischen Erkenntnissen verknüpft, um ein möglichst aussagekräftiges Ergebnis zu erhalten. Die literaturgestützte Vorgehensweise ist zumeist allen drei weiteren Methoden vorangeschaltet, da somit die leitende Theorie herausgearbeitet und entsprechende Hypothesen abgeleitet werden können. Gleichhin für welche Erkenntnisquelle zur Generierung neuen Wissens und für welche Methode sich der Verfasser demnach entscheidet, ist es eine wesentliche Aufgabe durch intensive Literaturrecherche den aktuellen Stand der Forschung bzw. den aktuellen Stand der Theorie zu ergründen und in die wissenschaftliche Arbeit zu integrieren. Die Anwendung überholter Theorien und veralteter Forschungsdaten kann die Qualität der wissenschaftlichen Arbeit wesentlich herabsetzen (vgl. Kornmeier (2007), S. 108 f.).

Aspekte wissenschaftlicher Forschung

Des Weiteren sollten bereits zu Beginn der Erstellung einer wissenschaftlichen Arbeit drei Aspekte der wissenschaftlichen Forschung einbezogen werden. Es handelt sich hierbei um die Aspekte des sogenannten Entdeckungs-, Begründungs- und des Verwertungszusammenhangs (▶ Tab. 12). Der Entdeckungszusammenhang »umfasst Fragen der Entstehung wissenschaftlicher Aussagen und Theorien.« (Eisend/ Kuß (2017), S. 5) Auf die wissenschaftliche Arbeit bezogen, werden hierbei alle Schritte des wissenschaftlichen Arbeitsprozesses zusammengefasst, die die Interessen und Ziele der Arbeit darlegen. Es gilt (in der Einleitung) darzustellen, welche Relevanz das Forschungsthema hat und was die Motivation des Forschers bzw. des Auftraggebers ist (vgl. Karmasin/ Ribing (2014), S. 31).

Der Begründungszusammenhang »bezieht sich [...] auf die Überprüfung von Hypothesen und Theorien« (Eisend/ Kuß (2017), S. 6) und fasst innerhalb der wissenschaftlichen Arbeit alle Schritte zusammen, die der Untersuchung des Forschungsproblems dienen. Sie werden im Schreibprozess im Hauptteil der Arbeit dargestellt (vgl. Karmasin/ Ribing (2014), S. 31 f.).

Der Verwertungszusammenhang »bezieht sich auf die Verwertung hinreichend bewährter bzw. gesicherter wissenschaftlicher Erkenntnisse für technische, medizinische, ökonomische oder gesellschaftliche Anwendungen.« (Eisend/ Kuß (2018), S. 6) Es werden im wissenschaftlichen Arbeitsprozess alle Schritte zusammengefasst, die zur Lösung des zu Beginn gestellten Forschungsproblems beitragen. Diese werden in der Regel im Schlussteil wiedergegeben. Die drei Aspekte beeinflussen demnach den Aufbau der Arbeit, begründen die Relevanz der Arbeit, sowie die ausgewählte Forschungsfrage und Methodik, die der Arbeit zugrunde liegen und sie stellen die Sinnstiftung der Ergebnisse und Erkenntnisse dar (vgl. Karmasin/ Ribing (2014), S. 31 f.).

Tab. 12: Aspekte der wissenschaftlichen Forschung (Quelle: Eigene Darstellung in Anlehnung an Eisend/ Kuß (2017), S. 5 f.; Karmasin/ Ribing (2014), S. 31 f.)

Aspekt	Wissenschaft	Wissenschaftliche Arbeit
Entdeckungszusammenhang	Entstehung wissenschaftlicher Aussagen und Theorien	Warum ist dieses Problem so relevant, dass es erforscht werden soll? Was ist die Motivation des Forschers, ggf. was sind die Interessen des Auftraggebers? → Einleitung
Begründungszusammenhang	Systematische Überprüfung von Hypothesen und Theorien	Welche Theorien können angewendet werden und welche Informationen werden zur Beantwortung der Forschungsfrage benötigt? → Hauptteil
Verwertungszusammenhang	Praktischer Nutzen bewährter Erkenntnisse	Für welchen Zweck sollen die Ergebnisse verwendet werden? → Schlussteil

Bezieht der Autor der wissenschaftlichen Arbeit bereits zu Beginn des Forschungsprojekts die Zusammenhänge und ihre entsprechenden Fragestellungen in den Arbeitsprozess ein, ist ein wesentlicher Grundstein zur weiteren Bearbeitung gelegt. Die Fragestellungen können als sinnvolle Orientierung während des gesamten Arbeitsprozesses (Literaturrecherche, Methodenwahl, Schreibprozess, etc.) dienen. Die einzelnen Bestandteile der hierbei bereits genannten Gliederungspunkte (Einleitung, Hauptteil und Schlussteil) werden in Kapitel 4.4 behandelt. Für die Gliederung empirischer Forschungsprojekte sei hierbei auch auf das Kapitel 3.1 verwiesen.

Wichtige Qualitätskriterien

In Kapitel 2.6 wurden im Kontext der Anwendung wissenschaftstheoretischer Grundlagen auf das wissenschaftliche Arbeiten bereits die Anforderungen Verantwortung,

Objektivität, Systematik, Überprüfbarkeit, Nachvollziehbarkeit und Ehrlichkeit behandelt. Diese Anforderungen müssen von Verfassern wissenschaftlicher Arbeiten beachtet werden, um eine Wissenschaftlichkeit ihrer Arbeit zu garantieren. Neben den in Kapitel 2.6 genannten Anforderungen, die sich aus den wissenschaftlichen Grundprinzipien ergeben, werden weitere Anforderungen an wissenschaftliche Arbeiten gestellt, die für die Qualität der Arbeit entscheidend sind. Diese Qualitätskriterien werden in der Regel von den Betreuern der Arbeit überprüft. Die Erfüllung der Kriterien hat aber nicht nur eine Auswirkung auf die Benotung der Arbeit, sondern darüber hinaus auch auf die weitere Verwendung und Verwertbarkeit der Ergebnisse der Arbeit. Eine wissenschaftliche Arbeit, die die wissenschaftlichen Anforderungen erfüllt, allerdings kein relevantes Thema bearbeitet, wird für die wissenschaftliche Forschung vermutlich keine weitere Verwendung finden. Das Kriterium der wissenschaftlichen Relevanz wird bedeutungsvoller, je fortgeschrittener das Studium ist. Zwingend erforderlich ist es, sollte es sich bei der wissenschaftlichen Arbeit um Auftragsforschung handeln. Das Qualitätskriterium der wissenschaftlichen Relevanz sowie weitere wichtige Qualitätskriterien, die bei der Erstellung einer wissenschaftlichen Arbeit zu beachten sind, werden in Tabelle 13 zusammenfassend dargestellt.

Tab. 13: Anforderungen an wissenschaftliche Arbeiten (Quelle: In Anlehnung an Rasche (2017); Kornmeier (2007), S. 13; Bohlinger et al. (2018) S. 11 ff.)

Qualitätskriterium	Beschreibung
Relevanz	Ein wesentliches Qualitätskriterium wissenschaftlicher Arbeiten ist die wissenschaftliche Relevanz des Themas. Bei ihrer Themenwahl sollten sich Autoren darüber Gedanken machen, ob und inwiefern ihr Thema für die Wissenschaft interessant und vielleicht sogar notwendig ist. Die Frage ist demnach, ob mit der Arbeit ein wissenschaftlicher Fortschritt erlangt wird (vgl. Wergen (2015), S. 94). Die Relevanz spielt im fortgeschrittenen Studium eine bedeutendere Rolle als im Grundstudium und sie hängt vom Umfang und der Art der wissenschaftlichen Arbeit ab. Jedoch können Studierende bereits bei der Vorbereitung einer Seminararbeit oder einer Präsentation versuchen, den Aspekt der Relevanz einzubeziehen. Denn oftmals ergibt sich aus einer Seminararbeit oder einer Präsentation bereits das Thema der Masterarbeit und später vielleicht der Promotion. Hinsichtlich der Relevanz können Studierende weiterbildender Masterstudiengänge auf ihre Expertise aus dem Berufsleben zurückgreifen. Oftmals ergibt sich durch die Kombination der Berufserfahrung und dem Erwerb theoretischer Kenntnisse an der Hochschule eine Idee für ein aktuelles und relevantes Thema (▶ Kap. 3.3). Letzten Endes kann auch der Betreuer seine Einschätzung über die wissenschaftliche Relevanz beim Besprechungstermin abgeben (▶ Kap. 4.2).
Originalität	Enthält die Arbeit, unter Beachtung der bisherigen Forschungsergebnisse, einen angemessenen Eigenanteil? Auch wenn die wissenschaftliche Arbeit (insbesondere zu Anfang des Studiums) nicht

Tab. 13: Anforderungen an wissenschaftliche Arbeiten (Quelle: In Anlehnung an Rasche (2017); Kornmeier (2007), S. 13; Bohlinger et al. (2018) S. 11 ff.) – Fortsetzung

Qualitätskriterium	Beschreibung
	zwangsläufig zum wissenschaftlichen Fortschritt beitragen muss, sollte auf dieses Ziel hingearbeitet und ein möglichst hoher Anteil an eigenständiger Argumentation und Gedankengängen in der Arbeit angeführt werden. Der Betreuer der Arbeit kann meist schon an der Forschungsfrage bzw. der Zielsetzung der Arbeit erkennen, ob es sich um ein originelles Thema handelt. Die Wahl der Forschungsfrage spielt somit eine wesentliche Rolle, die nicht unterschätzt werden sollte (▶ Kap. 4.2).
Verwendete Literatur	Ist die Literaturbasis aktuell und quantitativ sowie qualitativ angemessen? Zum wissenschaftlichen Arbeiten gehört ein kritischer Umgang mit Literatur. Vermeintlich angesehene Literatur sollte hinterfragt und auf Angemessenheit für die eigene Forschungsfrage überprüft werden (▶ Kap. 4.3).
Richtigkeit der Ausführungen	Sobald in der Arbeit fremdes Gedankengut angeführt wird, muss dies im Text kenntlich gemacht werden. Um Plagiate zu verhindern, sollten sich Wissenschaftler demnach so früh wie möglich mit den Regeln des korrekten Zitierens auseinandersetzen (▶ Kap. 4.3).
Qualität der Aussagen	Mit der Arbeit soll ein Wissensfortschritt erbracht werden. Daher spielt die Qualität der Aussagen eine wesentliche Rolle. Die eigenen und auch die übernommenen Aussagen sollten dementsprechend auf ihre Gültigkeit, die Überprüfbarkeit, die Reichweite und die Kausalität hin überprüft werden (▶ Kap. 2.4 unter ›Aussagen‹).
Methodik	Die angewandte Methodik muss anerkannt bzw. belastbar sein (z. B. Forschungsmethoden, Größe/ Qualität der Stichprobe). Der Betreuer der Arbeit wird hierbei bewerten, ob die ›richtige‹ Methode ›richtig‹ angewendet wurde und ob die verwendete Methode zur Lösung des Erkenntnisproblems geeignet ist. Weiterhin wird überprüft, auf welche Theorien und Paradigmen rekurriert wird (▶ Kap. 3.1 und 3.2).
Niveau der Gesamtdiktion (Aufbau/ Gliederung)	Der erste Eindruck zählt! Daher sollte überprüft werden, ob die Arbeit den formalen und ästhetischen Anforderungen entspricht. Dafür ist ein strukturiertes Vorgehen unumgänglich (▶ Kap. 4.4). Folgende Punkte können dabei beachtet werden: • Lässt der Gang der Untersuchung einen roten Faden erkennen? • Formaler Aufbau, Chronologie und Symmetrie der Inhalte • Logik und Konsistenz der Argumentationsketten • Zwischenresümees, Überleitungen und Argumentation für oder gegen ein spezifisches Vorgehen
Logische Stringenz	Die logische Stringenz der Aussagen spielt ebenfalls eine wichtige Rolle (z. B. für die Konsistenz von Argumentation).

Tab. 13: Anforderungen an wissenschaftliche Arbeiten (Quelle: In Anlehnung an Rasche (2017); Kornmeier (2007), S. 13; Bohlinger et al. (2018) S. 11 ff.) – Fortsetzung

Qualitätskriterium	Beschreibung
Sprache und Stil	In wissenschaftlichen Arbeiten sollte stets ein klarer und präziser Sprachstil verwendet werden; das bedeutet zugleich, korrekt und grammatisch einwandfrei zu schreiben. In diesem Zusammenhang spielt insbesondere auch die Ausdrucksfähigkeit des Autors eine Rolle. Sie sollte dem Niveau der Arbeit entsprechen. Der Autor sollte darauf achten, dass er Fachbegriffe richtig eingesetzt und erläutert hat.
Qualität der Darstellung	Zudem sollte in wissenschaftlichen Arbeiten auf Qualität der Darstellung geachtet werden. Hierzu zählen beispielsweise die optische Symmetrie, die verwendeten Graphiken und die Prägnanz.
Klarheit/ Angemessenheit von Darstellungen	Abbildungen und Tabellen sollten genutzt werden, um die Fließtextausführungen zu ergänzen. Die Abbildungen und Tabellen sollten dabei klar sein und angemessen eingefügt sein. Es besteht immer auch die Möglichkeit, die Abbildungen und Tabellen im Anhang anzufügen, sollten sie im Fließtext stören. Die Angemessenheit ist immer eine Abwägung, inwiefern die Abbildung bzw. die Tabelle im Fließtext sinnvoll erscheint (▸ Kap. 4.4).

4.2 Wissenschaftliche Projektplanung

Mit der wissenschaftlichen Arbeit wird ein ganz bestimmtes Ziel verfolgt, welches es innerhalb einer gewissen, meist vorgegebenen, Zeit zu erfüllen gilt. Dementsprechend kann die wissenschaftliche Arbeit als ein Projekt betrachtet werden, welches es genau zu planen gilt. Der DIN-Ausschuss für Projektmanagement definiert den Begriff Projekt als »ein Vorhaben, das im Wesentlichen durch Einmaligkeit der Bedingungen in ihrer Gesamtheit gekennzeichnet ist, wie z. B.: spezielle, einmalige Zielvorgabe, zeitliche, finanzielle, personelle oder andere Bedingungen, Abgrenzung gegenüber anderen Vorhaben und projektspezifische Organisation.« (DIN 2009)

Projektmerkmale
Die spezifischen Merkmale eines Projekts werden in der Literatur nicht ganz einheitlich geführt. Einzelne Merkmale, die wiederholt genannt werden, werden in Abbildung 24 zusammengefasst und folgend anhand des Prozesses der ›Wissenschaftlichen Arbeit‹ beschrieben.

Der Abbildung entsprechend zeichnet sich ein Projekt durch eine eindeutige inhaltliche und zeitliche Zielsetzung und durch eine gewisse Komplexität und Einmaligkeit der Aufgabe aus. Zudem hat das Projekt in der Regel einen innovativen Charakter und begrenzte sowie möglichst klar zugeordnete Ressourcen. Es trägt allerdings auch ein gewisses Risiko und Unsicherheiten mit sich (vgl. Dechange (2020),

4 Wissenschaftliche Methodik

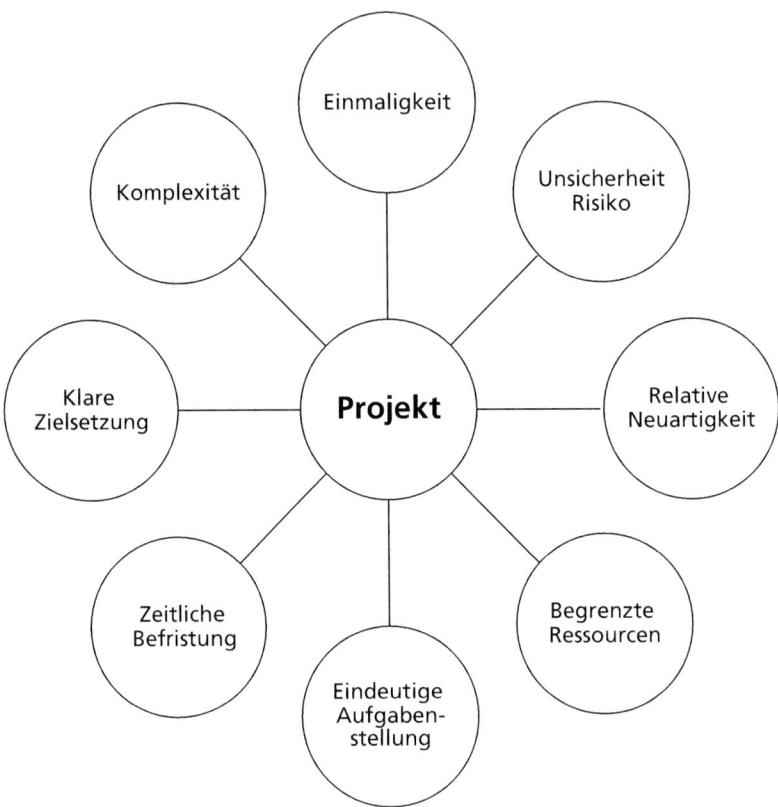

Abb. 24: Merkmale eines Projekts (Quelle: Eigene Darstellung in Anlehnung an Dechange (2020), S. 5 ff.; Meyer/ Rehe (2020), S. 2)

S. 5 ff.). Trotz dieser einheitlich erscheinenden Merkmale gleicht kein Projekt dem anderen. Projekte unterscheiden sich generell in ihrer Größe, in ihrer Bedeutung, in der zeitlichen Befristung, in der Wiederholbarkeit, geografisch, im Anwendungsgebiet sowie selbstverständlich in der Aufgabe (vgl. Dechange (2020), S. 8 ff.). Viele der genannten Merkmale und Charakteristika lassen sich auf die wissenschaftliche Arbeit übertragen (▶ Tab. 14).

Tab. 14: Das Projekt wissenschaftliche Arbeit

Projektmerkmal	In der wissenschaftlichen Arbeit
Klare Zielsetzung	Mit der wissenschaftlichen Arbeit wird ein klares Ziel verfolgt, z. B. die Erläuterung eines spezifischen Themas durch eine Präsentation, die Erörterung eines spezifischen Themas in der Seminararbeit, die Erarbeitung einer Handlungsempfehlung in der Masterarbeit, etc.

Tab. 14: Das Projekt wissenschaftliche Arbeit – Fortsetzung

Projektmerkmal	In der wissenschaftlichen Arbeit
Eindeutige Aufgabenstellung	Die Aufgabenstellung sollte mit dem Betreuer der Arbeit im Vorhinein abgesprochen sein. Fehlt eine eindeutige Aufgabenstellung so droht die Arbeit, wie jedes andere Projekt auch, bereits frühzeitig zu scheitern.
Zeitliche Befristung	Die wissenschaftliche Arbeit soll in der Regel innerhalb einer vorgegebenen Frist verfasst oder erstellt werden. Diese Frist kann entweder vom Betreuer, von der Studien- und Prüfungsordnung des Studiengangs, vom Forschungsinstitut oder vom Unternehmen vorgegeben sein.
Komplexität	Das Erstellen einer wissenschaftlichen Arbeit bedarf in der Regel einer geeigneten Projektplanung, da je nach Art und Umfang der Arbeit verschiedene Aufgaben, wie bspw. Literaturrecherche, empirische Erhebungen, Datenauswertungen etc., anfallen können. Teilweise werden wissenschaftliche Arbeiten auch im Team erstellt, wodurch die Komplexität der Aufgabe zunehmen kann.
Einmaligkeit	Das Thema der wissenschaftlichen Arbeit wird in der Regel nur einmalig bearbeitet. Ein Thema kann aber zunächst präsentiert und anschließend als schriftliche Arbeit ausgearbeitet werden. Nicht selten werden Themen einer Seminararbeit für die anschließende Masterarbeit verwendet. Allerdings ändert sich somit die Projektart (bzw. die Form der wissenschaftlichen Arbeit).
Unsicherheit/ Risiko	Wie jedes andere Projekt trägt die wissenschaftliche Arbeit ein gewisses Risiko mit sich. Unklare Aufgabenstellungen oder zu weit gefasste Themen, die in der vorgegebenen Zeit nicht fertig bearbeitet werden können, können zum Scheitern des Projekts führen. Eine regelmäßige Rücksprache mit dem Betreuer oder dem Auftraggeber ist daher, insbesondere im fortgeschrittenen Studium oder bei Veröffentlichung der Ergebnisse, zwingend notwendig.
Relative Neuartigkeit	Je nach Anspruch an die Arbeit, der entweder vom Betreuer bzw. Auftraggeber vorgegeben ist oder den sich der Verfasser selbst setzt, kann das behandelte Thema einen innovativen Charakter innehaben. Die Neuartigkeit des Themas hat einen wesentlichen Einfluss auf die Relevanz der Arbeit.
Begrenzte Ressourcen	Wie auch bei Projekten in Unternehmen, gibt es unter Umständen begrenzte Ressourcen bei der Erstellung einer wissenschaftlichen Arbeit. Knappe finanzielle Mittel können das Erheben von Daten bspw. erschweren oder der eingeschränkte Zugang zu relevanter Fachliteratur kann die Recherche behindern.

Aus Tabelle 14 geht hervor, dass bei der Erstellung einer wissenschaftlichen Arbeit bestimmte Projektmerkmale beachtet und in den Arbeitsprozess eingeplant werden müssen. Beim wissenschaftlichen Arbeiten kommt demzufolge auch das Projektmanagement ins Spiel. Das bedeutet im Detail, dass Pläne und Vorgehensweisen an die jeweiligen Umstände angepasst werden müssen, dass klare und erreichbare Ziele definiert und Anforderungen identifiziert werden müssen und dass die vorgegebenen Termine geplant und eingehalten werden müssen (vgl. Meyer/ Rehe (2020), S. 3). Es lohnt sich daher, das Projekt in Phasen aufzuteilen und diese wiederum in einzelne Arbeitsschritte zu untergliedern. Für den wissenschaftlichen Autor hat die Visualisierung der Arbeit als Projekt und die Untergliederung des Projekts in einzelne Arbeitsschritte den Vorteil, dass die Vorgehensweise während des Arbeitsprozesses strukturiert geplant und durchgeführt werden kann. Dadurch können Risikofaktoren wie Zeitmangel, Schreibblockaden oder Motivationsschwierigkeiten im Vorhinein minimiert werden.

In Anlehnung an die in der Literatur zu finden allgemeinen Projektphasen können die Phasen ›Auftrag‹, ›Initiierung bzw. Definition‹, ›Planung‹, ›Durchführung‹ und ›Kontrolle‹ für das Projekt ›Wissenschaftliches Arbeiten‹ formuliert werden (vgl. Stock (2018), S. 46 f.). Die in den einzelnen Phasen enthaltenen Arbeitsschritte bzw. Aufgaben sollen in der folgenden Tabelle stichpunktartig dargestellt werden (▶ Tab. 15).

Tab. 15: Projektphasen einer wissenschaftlichen Arbeit

Projektphase	Arbeitsschritte bzw. Aufgaben
Auftrag	• Durch die Studien- und Prüfungsordnung • Durch das Forschungsinstitut • Durch das Unternehmen bzw. die Institution
Initiierung/ Definition	• Ideensammlung • Auswahl des Themas • Formulierung einer Forschungsfrage • Herleiten von Hypothesen • Literaturrecherche • Literatursichtung und -auswertung
Planung	• Zeitplanung • Methodenwahl • Gliederung • Verfassen eines Exposees
Durchführung	• Schreibprozess • Empirische Erhebungen • Datenauswertung
Kontrolle	• Revision der Arbeit • Korrekturen

Zunächst wird das Projekt in Auftrag gegeben. Dies kann zum einen durch das Forschungsinstitut oder durch das Unternehmen bzw. die Institution erfolgen, zum anderen kann eine wissenschaftliche Arbeit aber auch durch die Studien- und Prüfungsordnung vorgegeben sein. Allen drei Möglichkeiten ist gemein, dass sie in der Regel eine zeitliche Befristung und einen ungefähren Arbeitsumfang vorgeben, an die sich der Autor zu halten hat. Ein wesentlicher Unterschied zwischen den Auftraggebern ist, dass die Studien- und Prüfungsordnung kein Thema vorgibt. Unternehmen, Institutionen und Forschungsinstitute geben dies in Absprache mit dem Autor allerdings weitestgehend vor. Letztere Variante hat den Vorteil, dass der Autor keine Zeit für die Ideensammlung und für die Auswahl des Themas aufbringen muss (Phase ›Initiierung‹), sie kann aber den Nachteil haben, dass die Themenvorgabe die eigenen Ideen des Autors außer Acht lässt.

Die Phase der Initiierung beinhaltet alle wesentlichen Vorarbeiten für das Projekt. Dazu zählen (sofern nicht vorgegeben) die Ideensammlung, die Auswahl des Themas, die Formulierung einer Forschungsfrage, das Herleiten der Hypothesen sowie die Literaturrecherche, -sichtung und -auswertung. Für diese Phase ist entscheidend, dass sie genügend aber nicht zu viel Zeit beansprucht. Bereits durch die Literaturrecherche kann unnötig Zeit verloren gehen. Daher ist eine strukturierte Vorgehensweise von entscheidender Wichtigkeit (▶ Kap. 4.3).

Sobald die Arbeitsschritte der Initiierungsphase (zumindest weitestgehend) abgeschlossen sind, beginnt die Phase der Planung. Hierbei spielen die zeitliche Planung, die Methodenwahl und die Gliederung der Arbeit eine wesentliche Rolle. Alle drei Schritte können anhand des Verfassens eines Exposees abgearbeitet werden.

An die Planung schließt sich die Phase der Durchführung an. Dabei handelt es sich einerseits um den Schreibprozess an sich und andererseits um die Datenerhebung und -auswertung bei empirischen Untersuchungen.

Letzten Endes müssen der Projektverlauf und das Projektergebnis kontrolliert, überarbeitet und ggf. korrigiert werden. Die Projektkontrolle läuft in der Regel bereits während des Projektes und nicht ausschließlich am Ende ab. Somit können frühzeitig Korrekturen und Ausbesserungen vorgenommen werden.

Einige der genannten Arbeitsschritte aus den Projektphasen ›Initiierung/ Definition‹ und ›Planung‹ sollen folgend näher erläutert werden, da sie erfahrungsgemäß die größte Herausforderung im Projekt ›Wissenschaftliche Arbeit‹ darstellen. Dazu zählen zum einen die Arbeitsschritte ›Auswahl des Themas‹, ›Formulierung der Forschungsfrage‹ und ›Hypothesenbildung‹ und zum anderen der Arbeitsschritt ›Verfassen eines Exposees‹, der zusätzlich die Aufgaben ›Zeitplanung‹ und ›Gliederung‹ umfasst. Die Arbeitsschritte ›Literaturrecherche‹ und ›Literatursichtung und -auswertung‹ werden gesondert im folgenden Kapitel 4.3 beschrieben. Zudem sei hierbei darauf hingewiesen, dass die Arbeitsschritte, die für eine empirische Erhebung notwendig sind, in Kapitel 3.1 ebenfalls gesondert behandelt wurden.

Auswahl des Themas

Um Schreibblockaden und Motivationsprobleme von Beginn an zu vermeiden, ist es wichtig, das Themenfeld der Arbeit klar zu definieren. In diesem Kontext spielen demnach die Projektmerkmale ›Klare Zielsetzung‹ und ›Eindeutige Aufgabenstellung‹ eine wesentliche Rolle.

Am Anfang der Themensuche steht meist eine Idee, die Studierende idealerweise im Laufe des Studiums oder innerhalb einer Lehrveranstaltung entwickeln. Bei Studierenden weiterbildender Masterstudiengänge mit Praxisbezug und auch bei berufstätigen Fach- und Führungskräften ergeben sich die Themen häufig durch die berufliche Tätigkeit selbst. Somit hat das Thema oftmals einen Bezug zu beruflichen Karriereplänen (▶ Kap. 3.3). Aus der Idee ein Thema zu entwickeln, ist der erste Schritt im Prozess der Themenfindung und ist in der Regel mit einer langen Lesephase und zahlreichen Aufenthalten in der Bibliothek verbunden. Dabei handelt es sich noch nicht um zielgerichtetes Lesen, sondern um interessenorientiertes Lesen. Diese Lesephase dient der Orientierung im Themenbereich und es kann ein Überblick über die vorhandene Literatur verschafft werden. Literaturdatenbanken, die beispielsweise über die Universitätsbibliothek zu finden sind, bieten eine gute Möglichkeit, geeignete Literatur zum Themenbereich zu finden (▶ Kap. 4.3).

Im Laufe der Lesephase, die je nach Projektumfang unterschiedlich lang sein kann, wird der Autor vermutlich inhaltlich ähnliche Texte lesen und wissenschaftliche Netzwerke entdecken. An diesem Punkt angekommen, gilt es, das derzeit noch weite Thema in der Weise einzugrenzen, dass es für den vorgegebenen Zeitraum bearbeitbar und das Projekt entsprechend realisierbar ist. Oftmals scheitern Autoren an Projekten, deren Themen zu allgemein gehalten und zu wenig abgegrenzt sind (vgl. Peters (2012), S. 45 ff.).

Dabei kann es sinnvoll sein, Kernbegriffe des Themas zu notieren und diese für die weitere Literaturrecherche zu nutzen. Diese Kernbegriffe können durch Kombination auch für die spätere Formulierung einer Forschungsfrage und, insbesondere bei empirischen Untersuchungen, für die Bildung einer Hypothese von Nutzen sein. Während das Thema ›Digitalisierung‹ ein zu weit gefasstes Thema darstellt, welches sich innerhalb einer wissenschaftlichen Arbeit wohl kaum behandeln lässt, kann das Hinzufügen des Kernbegriffs ›Beschäftigungschancen‹ das Thema in der Art eingrenzen, dass untersucht werden könnte, ob die Digitalisierung zu verbesserten Beschäftigungschancen für benachteiligte Gruppen führt. Es wird also ein kausaler Zusammenhang zwischen den Begriffen hergestellt und begründet (vgl. Plümper (2012), S. 17). In Kapitel 2 wurde bereits besprochen, dass die Formulierung eines kausalen Zusammenhangs zwischen (mindestens) zwei Variablen, das Grundprinzip der Bildung einer Hypothese darstellt. Somit kann die Reduktion des Themas auf zwei oder mehrere Kernbegriffe nicht nur das Thema an sich eingrenzen, sondern auch zum Herleiten einer Hypothese dienen.

Während der Orientierungsphase sollten sich die Ersteller der wissenschaftlichen Arbeit zudem immer wieder vor Augen führen, was sie an dem Thema fasziniert und was bei ihnen Fragen aufwirft. Diese Denkimpulse können ebenfalls für eine Eingrenzung des Themas sehr nützlich sein, da sie Aufschluss geben »über […] [die] Motivation, […] [sich] mit diesem speziellen Thema zu befassen, über mögliche Implikationen des Themas, über den Erkenntnisrahmen, in dem das Thema steht.« (Esselborn-Krumbiegel (2014), S. 50)

Je nach Umfang der wissenschaftlichen Arbeit können beispielsweise folgende Fragen zu Orientierung gestellt werden:

- Gibt es unterschiedliche Meinungen zu dem Thema?
- Welche Probleme werden zu dem Thema in der Literatur angesprochen?

- Gibt es aktuelle Daten durch empirische Erhebungen?
- Gibt es Fragestellungen, die bisher offengeblieben sind?
- Kann die Theorie oder die empirische Methode auf den Bereich oder die Branche angewendet werden, in der ich tätig bin?
- Gibt es eine Forschungsmethode, deren Einsatz ich als angemessener für die Thematik empfinde?

Wurde eine entsprechende Liste mit Stichpunkten zum Thema erstellt, lohnt es sich, in bestimmten Fällen Pro- und Kontra-Argumente für das Thema zu sammeln.

»Dieses Verfahren schärft unser logisches Denken, läßt [sic!] uns Schwachstellen der Argumentation frühzeitig erkennen und Begründungszusammenhänge einsehen. Oftmals ergeben sich aus diesem Frage- Antwortspiel auch neue Ideen für die Argumentation, werden Schwerpunkte anders gesetzt und offene Fragen benannt.« (Esselborn-Krumbiegel (2014), S. 51)

Die Forschungsfrage

Sobald ein passendes Thema gefunden wurde, gilt es, eine Forschungsfrage zu formulieren. Durch das Formulieren der Forschungsfrage können Ziel und Zweck der wissenschaftlichen Arbeit genauer definiert werden. Sie dient somit als Grundlage der Arbeit und als roter Faden beim Erstellen der Arbeit, denn der Aufbau und der Inhalt orientieren sich stets an der Fragestellung. Die Fragestellung ergibt sich oftmals durch die Literaturrecherche und die damit einhergehende Beschäftigung mit aktuellen Studien und Forschungen. Sie gibt damit ebenfalls Aufschluss über die wissenschaftliche Relevanz der Arbeit und die Einordnung in die wissenschaftliche Diskussion. Die Reduktion des Arbeitsthemas auf Kernbegriffe, wie zuvor beschrieben, kann bei der Formulierung der Forschungsfrage von wesentlichem Nutzen sein.

Es gibt verschiedene Grundtypen von Forschungsfragen, die je nach Art der Arbeit, nach Vorgabe des Betreuers bzw. des Auftraggebers und nach Umfang der Arbeit gestellt werden können. Im Wesentlichen hängt die Art der Forschungsfrage aber vom ausgewählten Thema ab. Die unterschiedlichen Fragetypen ergeben sich aus den Aufgaben der Wissenschaft als solches (▶ Kap. 2.1 und 2.6). So kann anhand der wissenschaftlichen Arbeit ein Fall beschrieben oder erklärt werden, es kann eine Prognose oder Handlungsempfehlung formuliert werden oder ein Zustand bewertet bzw. kritisiert werden. In der Tabelle 16 sollen die verschiedenen Fragetypen, anhand von Beispielen veranschaulicht werden.

Tab. 16: Grundtypen verschiedener Fragestellungen (Quelle: In Anlehnung an Karmasin/Ribing (2014), S. 25; Helfrich (2016), S. 169)

Fragetyp	Leitfrage	Beispiel
Beschreibung	Was ist der Fall? Wie sieht die ›Realität‹ aus? (oder auch: Sieht die Realität wirklich so aus?)	Welcher Zusammenhang besteht zwischen Digitalisierung und Beschäftigungschancen für benachteiligte Gruppen?

Tab. 16: Grundtypen verschiedener Fragestellungen (Quelle: In Anlehnung an Karmasin/ Ribing (2014), S. 25; Helfrich (2016), S. 169) – Fortsetzung

Fragetyp	Leitfrage	Beispiel
Erklärung	Warum ist etwas der Fall?	Welche Faktoren bewirken eine Förderung der Gleichstellung in Unternehmen?
Prognose	Wie wird etwas künftig aussehen? Welche Veränderungen werden eintreten?	Wird die digitalisierte Personalrekrutierung Diskriminierung reduzieren und Gleichstellung fördern?
Gestaltung/ Handlungsempfehlung	Welche Maßnahmen sind geeignet, um ein bestimmtes Ziel zu erreichen?	Welche praktischen Maßnahmen sind geeignet, um die digitalisierte Personalrekrutierung des Unternehmens zu fördern?
Kritik/ Bewertung	Wie ist ein bestimmter Zustand vor dem Hintergrund explizit genannter Kriterien zu bewerten?	Wie wirkt sich die Digitalisierung auf die Vereinbarkeit von Beruf und Privatleben aus?

Nach Wergen (2015) werden an die Forschungsfrage folgende Anforderungen gestellt, die der Autor beim Herleiten und bei der Formulierung beachten sollte:

- »Die Fragestellung muss sich auf konkretisierte wissenschaftliche Kontexte beziehen. Dazu ist es sinnvoll, sich in einem Forschungsfeld verortet zu haben.
- Die Forschungsfrage muss begründet sein, sich also aus vorhandenen Studien ergeben.
- Eine Fragestellung geht über die Beschreibung eines Phänomens hinaus. Sie soll neue wissenschaftliche Erkenntnisse ermöglichen.
- Die Fragestellung muss eindeutig, klar und präzise formuliert sein.
- Die Fragestellung muss so formuliert werden, dass sich ihre Beantwortung durch [...] [das geplante] Forschungsprojekt ergibt.
- Die Fragestellung muss mit der wissenschaftlichen Betreuung abgesprochen werden.« (Wergen (2015), S. 115 f.)

Die Hypothese(n)

Für empirische Untersuchungen muss in der Regel neben der Forschungsfrage eine Hypothese formuliert werden, die als Basis für die Erhebung dient. Die leitende Hypothese lässt sich gemeinhin aus der Forschungsfrage ableiten. In Kapitel 2 wurde bereits beschrieben, dass eine Hypothese einen Zusammenhang zwischen zwei oder mehreren Variablen aufstellt. Dieser Zusammenhang tritt allerdings nur mit einer gewissen Wahrscheinlichkeit auf und muss überprüfbar sein (▶ Kap. 2.4). Wurden zur Formulierung der Forschungsfrage bereits Kernbegriffe des Themas genutzt, können diese ebenfalls zur Formulierung der Hypothese(n) von Nutzen sein. Sie können dabei die Variablen der Hypothese(n) darstellen. Lautet die Forschungsfrage bspw. ›Welcher

Zusammenhang besteht zwischen Digitalisierung und Beschäftigungschancen für benachteiligte Gruppen?‹ (Beschreibung) kann aus den Variablen ›Digitalisierung‹ und ›Beschäftigungschancen für benachteiligte Gruppen‹ ein Zusammenhang hergeleitet werden. Eine entsprechende Hypothese könnte folgendermaßen lauten: ›Je mehr digitalisierte Arbeitsformen angeboten werden, desto besser sind die Beschäftigungschancen für Personen mit erschwertem Arbeitsmarktzugang‹. Bei der Formulierung der Hypothese ist zu beachten, dass die Überprüfung des Zusammenhangs der Variablen mittels einer Untersuchung realisierbar und im zeitlichen und finanziellen Rahmen der Arbeit umsetzbar ist.

Das Exposee

Um das Projekt ›Wissenschaftliche Arbeit‹ sinnvoll und erfolgreich zu organisieren, lohnt es sich, gemeinhin ein Exposee zu erstellen, in dem die wesentlichen Projektmerkmale einbezogen werden. Durch die Erstellung eines Exposees kann der Autor der wissenschaftlichen Arbeit bereits vor Beginn des Schreibprozess die Umsetzbarkeit der Projektidee einschätzen, indem die wesentlichen Projektmerkmale in ihrer Umsetzung bewertet werden. Zudem kann der Autor die Einhaltung der Qualitätskriterien wissenschaftlicher Arbeiten (▶ Kap. 4.1) durch die Erstellung des Exposees bereits im Voraus einschätzen und ggf. mit dem Betreuer bzw. Auftraggeber der Arbeit absprechen. Der Aufbau und die Funktion des Exposees sollen demnach im folgenden Abschnitt genauer betrachtet werden.

Je nach Art der wissenschaftlichen Arbeit kann vom Betreuer oder Auftraggeber ein mehr oder weniger umfangreiches Exposee zur kurzen Vorstellung des Forschungsthemas gefordert werden. Das Exposee ist eine Art Antrag für ein zu bearbeitendes Projekt. Es soll demnach den Betreuer bzw. Auftraggeber von dem zu bearbeitenden Thema überzeugen und ihm zeigen, inwiefern sich der Autor bereits mit dem Thema auseinandergesetzt hat. Der Betreuer bzw. Auftraggeber kann durch das vorgelegte Exposee zudem die Komplexität und damit auch die Umsetzbarkeit und folglich das Risiko bzw. die Unsicherheit des Forschungsprojekts einschätzen.

Für eine mündliche Präsentation genügt in der Regel eine Themenbesprechung mit dem Betreuer oder Auftraggeber. Handelt es sich aber beispielsweise um die Vorstellung des Masterarbeitsthemas, ist es nicht nur für den Betreuer, sondern auch für den Autor hilfreich, ein Exposee als Grundlage vorliegen zu haben. Auch für wissenschaftliche Arbeiten, für die kein Exposee angefordert wird, bietet es sich an, die Arbeit anhand einzelner oder aller Inhaltsbereiche des Exposees, vorzubereiten. Zum einen können die beschriebenen Inhaltsbereiche bereits für eine Seminararbeit oder für eine Präsentation relevant sein, zum anderen kann es als sinnvolle Übung zur Vorbereitung der Masterarbeit oder ggf. folgend auch der Dissertation dienen.

Zur Erstellung eines Exposees gelten keine allgemeingültigen Regeln. Die Inhaltsbereiche, sowie die Form und die Struktur sollten daher mit dem Betreuer bzw. Auftraggeber (folgend Betreuer genannt) der Arbeit abgesprochen werden. Als Projektantrag bietet es sich allerdings an, das Exposee nach den in der folgenden Grafik (▶ Abb. 25) genannten Inhaltsbereichen zu untergliedern. Dabei müssen die Inhaltsbereiche nicht in der dargestellten Reihenfolge und auch nicht in der präsentierten

Form abgearbeitet werden. Die vorgeschlagene Gliederung dient lediglich als Anregung zur Gestaltung des eigenen Exposees.

1. Einleitung	• Information und Heranführung an das geplante Projekt • Verortung des Themas in der Wissenschaft
2. Stand der Forschung	• Wiedergabe des aktuellen Forschungskontexts • Heranführung an die Forschungsfrage
3. Fragestellung/ Forschungsinteresse	• Darlegung von Ziel und Zweck der Arbeit • Aussage über wissenschaftliche Relevanz der Arbeit
4. Theoretische Überlegungen	• Wissenschaftliche Relevanz der Arbeit angeben • Einbettung in den Forschungskontext
5. Hypothesen	• Vorannahmen für das Forschungsprojekt verdeutlichen
6. Methodisches Vorgehen	• Methoden angeben und begründen
7. Arbeits- und Zeitplan	• Nur für umfangreiche Arbeiten notwendig (Bsp. Masterarbeit, Dissertation) • Überprüfung der Machbarkeit
8. Gliederung	• Struktur der Arbeit verdeutlichen
9. Literaturverzeichnis	• Überblick über die verwendete Literatur

Abb. 25: Der inhaltliche Aufbau eines Exposees (Quelle: Eigene Darstellung in Anlehnung an Wergen (2015), S. 103 ff.)

1. Die Einleitung

Die Einleitung des Exposees dient als Hinführung zu dem in der wissenschaftlichen Arbeit behandelten Thema. Die Einleitung kann damit als wichtigster Inhaltsbereich des Exposees angesehen werden, denn sie dient bereits als Werbung für die (eigene) Forschungsidee. Wird der Leser in der Einleitung nicht vom Thema überzeugt, so wird er es vermutlich auch nicht in den folgenden Abschnitten. Durch die Einleitung bekommt der Leser einen Überblick über das Thema und im besten Fall bereits einen Eindruck über die wissenschaftliche Relevanz und das angestrebte Ziel der Arbeit. Der Autor sollte dementsprechend darstellen können, in welcher Weise seine Arbeit einen Beitrag zu einer akademischen Debatte leistet. Die Einleitung des Exposees sollte zusammengefasst folgende Punkte enthalten (vgl. Wergen (2015), S. 104 ff.):

- Zusammenfassung des Themas
- Wissenschaftliche Relevanz der Arbeit
- Ziel der Arbeit

In der Regel wird die Einleitung erst während oder zum Ende des Erstellungsprozesses des Exposees verfasst, da sie im Prinzip eine Kurzfassung der folgenden Inhaltsbereiche ist.

2. Der Stand der Forschung

Mit dem Inhaltsbereich ›Stand der Forschung‹ soll der Autor dem Leser zeigen, dass er sich mit aktuellen Studien und Forschungen beschäftigt hat und »das eigene Thema in eine wissenschaftliche Diskussion einordnen« (Wergen (2015), S. 106) kann. Es gilt, herauszuarbeiten, welche Studien oder Experimente bereits zu dem Themenbereich durchgeführt wurden und in welchen Bereichen eventuell noch Forschungsbedarf besteht. Wurde die wissenschaftliche Relevanz in der Einleitung nur kurz angerissen, soll sie in diesem Bereich ausführlicher diskutiert bzw. dargestellt werden. Die für diesen Bereich verwertbaren Materialien wurden im Idealfall bereits bei der Themensuche durch ausführliche Recherche zusammengestellt. Sollte es zu dem Thema verschiedene Standpunkte in der Literatur oder offene Fragestellungen geben, sind diese ebenfalls im Inhaltsbereich ›Stand der Forschung‹ zu nennen. Aus dem Forschungsstand leitet sich in der Regel auch die Fragestellung zur wissenschaftlichen Arbeit ab.

3. Die Fragestellung/ das Forschungsinteresse

Die Forschungsfrage wird im Exposee nach der Beschreibung des Forschungsstands formuliert, da sie in der Regel aus diesem hergeleitet wird. Sie dient dem Leser als Verständnishilfe über den Zweck und das Ziel der Arbeit. Zudem gibt sie Aufschluss über die Einordnung in die Forschungsdiskussion des Themenbereichs. Sie informiert also darüber, inwiefern sich der Autor mit der aktuellen Forschung und mit aktuellen Studien auseinandergesetzt hat. Die Forschungsfrage sollte aus diesen Gründen verständlich, klar und präzise formuliert sein (vgl. Wergen (2015), S. 113 ff.).

4. Theoretische Überlegungen

Der Inhaltsbereich ›Theoretische Überlegungen‹ dient der Beschreibung und der Darstellung von Theorien, die der Arbeit zugrunde liegen bzw. die in der Arbeit diskutiert werden sollen. Der Abschnitt dient demnach der theoretischen Begründung und Einordnung. »Die theoretischen Vorüberlegungen begründen im Idealfall die Fragestellung und geben Auskunft darüber, welche theoretische Bestätigung, Widerlegung oder Erweiterung durch die geplante Forschung zu erwarten sind.« (Wergen (2015), S. 117) Die theoretischen Vorüberlegungen sind nicht zwingend Teil des Exposees und können alternativ auch im Inhaltsbereich ›Stand der Forschung‹ dargelegt werden (vgl. Wergen (2015), S. 117 ff.). Die Themen ›Theorie als Basis wissenschaftlicher Arbeiten‹, ›Wissenschaftliche Schlussweisen‹ und der Zusammenhang zwischen Theorie, Empirie und Praxis werden in Kapitel 3.1 ausführlich behandelt. Beim Herleiten einer theoretischen Basis für die wissenschaftliche Arbeit lohnt sich der Blick in dieses Kapitel.

5. Hypothesen

Die Darlegung von Hypothesen im Exposee hängt von der Art und dem Umfang der wissenschaftlichen Arbeit ab. Generell werden Hypothesen angegeben, wenn der

Arbeit empirische Untersuchungen zugrunde liegen, die auf Hypothesen basieren. Da sich die Hypothesen in der Regel vom Stand der Forschung und der Forschungsfrage ableiten, werden sie im Exposee auch nach den beiden genannten Inhaltsbereichen dargelegt (vgl. Wergen (2015), S. 118).

6. Methodisches Vorgehen

Der Inhaltsbereich ›Methodisches Vorgehen‹ dient der Vorstellung und Begründung der verwendeten Methoden. Dieser Inhaltsbereich ist in der Regel nur bei empirischem Vorgehen relevant. Er dient somit einerseits dem Leser als Verständnishilfe über die Methodenauswahl und die methodische Vorgehensweise, andererseits dient der Inhaltsbereich aber auch dem Verfasser als Unterstützung, um sich im Vorfeld Gedanken über die Umsetzbarkeit der Untersuchung zu machen. Denn nicht jede für die Untersuchung vermeintlich sinnvolle Methode ist auch in dem zeitlich vorgegebenen Rahmen bzw. in dem finanziellen Rahmen umsetzbar (vgl. Wergen (2015), S. 119 ff.) (Projektmerkmale: Zeitliche Befristung, begrenzte Ressourcen). Die unterschiedlichen empirischen Untersuchungsmethoden werden in Kapitel 3.2 dargestellt.

7. Arbeits- und Zeitplan

Dieser Inhaltsbereich ist lediglich bei umfangreichen Arbeiten wie bspw. der Masterarbeit oder der Dissertation notwendig. In manchen Fällen ist es aber auch für weniger umfangreiche Projekte sinnvoll, einen Zeitplan zu erstellen, der nicht zwangsläufig mit dem Betreuer abgesprochen werden muss, sondern lediglich dem eigenen Zeitmanagement dient. Der Zeitplan stellt die einzelnen Projektschritte mit der jeweils geschätzten Dauer dar. Dabei ist stets zu beachten, dass der Zeitplan realistisch formuliert werden sollte, um unnötigen Druck und Frust zu vermeiden. Der Zeitplan kann, je nach Art der wissenschaftlichen Arbeit, die in Abbildung 26 dargestellten Bereiche enthalten.

Dabei umfasst der in Abbildung 26 auf der linken Seite dargestellte Zeitplan die Schritte, die eine theoretische Arbeit enthalten sollte. Folglich enthält der Zeitplan hierbei zunächst einen Zeitbereich für die Recherchearbeit (1). Ein (Groß-)Teil der Recherchearbeit ist ggf. bereits bei der Erstellung des Exposees getan, dennoch ist es ratsam, genügend Zeit für die Literaturrecherche und damit für die Sichtung von Primärliteratur und Fachtexten einzuplanen. Eine wesentliche Rolle in diesem Zeitabschnitt spielt auch das Herleiten und die Formulierung der Forschungsfrage. Detaillierte Hinweise zur Vorgehensweise bei der Recherche und zum verantwortungsvollen Umgang mit wissenschaftlicher Literatur werden in Kapitel 4.3 gegeben. Im zweiten Zeitabschnitt sollte das gesammelte Material strukturiert und geordnet werden (2). Hierbei kann die Zuordnung des Materials zu den einzelnen Kapiteln der Arbeit bzw. zu den Unterpunkten einer Präsentation erfolgen. Zudem werden in dieser Phase des Arbeitsprozesses in der Regel die Hypothesen formuliert oder überarbeitet, da ein umfassender Überblick über das vorhandene Informationsmaterial besteht, der bei der Recherchearbeit eventuell noch nicht bestand. Sobald der

4.2 Wissenschaftliche Projektplanung

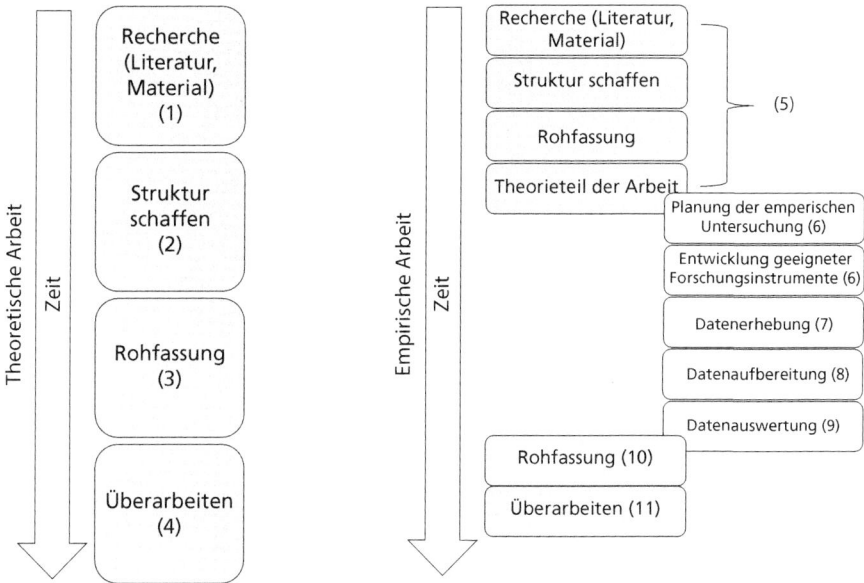

Abb. 26: Inhalte eines Zeitplans (Quelle: In Anlehnung an Wergen (2015), S. 124)

Strukturierungsprozess abgeschlossen ist und ein Überblick über das Projekt besteht, kann mit dem Verfassen der Arbeit begonnen werden (3). Wissenschaftliche Arbeiten scheitern nicht selten an einem zu früh begonnenen Schreibprozess, da Hypothesen oder Gliederungen umgeworfen werden müssen. Ebenso kann es passieren, dass mit dem Schreibprozess zu spät begonnen wird, da der Ehrgeiz besteht, zuvor die gesamte Literatur aus dem Themenbereich gelesen zu haben. Dies ist aber zum einen nicht möglich und zum anderen nicht notwendig, um mit dem Schreiben zu beginnen. Daher ist es wichtig und Voraussetzung eines guten Zeitmanagements, den richtigen Zeitpunkt für die Rohfassung zu finden. Auch für das Überarbeiten des Textes sollte genügend Zeit eingeplant werden (4). Für diese Phase des Arbeitsprozesses wird oft zu wenig Zeit eingeplant, da sie gemeinhin unterschätzt wird. Nicht selten kommt es daher zu Panikattacken oder zur Abgabe unvollständiger oder unbefriedigender Ergebnisse. Die Fehlerkorrektur, das Einbauen von Grafiken und die Überarbeitung von Zitaten und Literaturangaben benötigen Zeit, die nicht verkannt werden sollte. Bei umfangreicheren Projekten und Abschlussarbeiten sollte zudem eine Korrektur durch eine zweite Person eingeplant werden. Oftmals werden Fehler auch bei wiederholtem Lesen übersehen, die durch Heranziehen eines »Revisors« korrigiert werden können. Die Zweitkorrektur ist von besonderer Bedeutung, wenn die Arbeit in einer Fremdsprache geschrieben wird. In diesem Fall sollte auch dem Korrekturleser genügend Zeit zur Verfügung stehen, um den Text angemessen überarbeiten zu können (vgl. Wergen (2015), S. 122 ff.).

Der in Abbildung 26 auf der rechten Seite dargestellte Zeitplan, umfasst die Phasen, die eine empirisch ausgerichtete Arbeit enthalten sollte. Neben den bereits für eine theoretisch ausgerichtete Arbeit beschriebenen Phasen (grau hinterlegt, (5)), umfasst diese Zeitschiene zusätzliche Schritte, die für empirische Erhebungen (weiß hinterlegt, (6)-(9)) relevant sind. Obwohl dieser Zeitplan deutlich umfangreicher aussieht, muss er nicht zwangsläufig mehr Zeit beanspruchen. Auch eine theoretisch ausgerichtete Arbeit kann viel Zeit, bspw. durch die Sichtung und Bearbeitung der Literatur, beanspruchen. Dennoch sind das Erheben und Auswerten von Daten ein aufwendiges Projekt, das im Vorfeld gut durchdacht werden sollte, um nicht im begonnenen Arbeitsprozess zu scheitern. Es ist grundsätzlich sinnvoll, vor dem Beginn der Untersuchungen, die Rohfassung des theoretischen Teils der Arbeit abzuschließen oder zumindest größtenteils bearbeitet zu haben, um das Ziel der empirischen Erhebung genau bestimmen zu können. Die Vorbereitungen für eine empirische Untersuchung können aber bereits parallel zum Verfassen des Theorieteils laufen, da hierbei oftmals Ideen und Strukturvorschläge zur Empirie entstehen. Die zusätzlich darzustellenden Phasen bei empirischen Arbeiten sind ›die Planung der empirischen Untersuchung‹, ›die Entwicklung geeigneter Forschungsmethoden‹ sowie ›Datenerhebung, -aufbereitung und -auswertung‹. Während die ersten beiden Phasen (6) der Vorbereitung der Erhebung dienen, sind letztere der Durchführung und Auswertung gewidmet ((7)-(9)). Die Zeit, die für die jeweiligen Bereiche benötigt wird, hängt von der Art und dem Umfang der Untersuchung ab. Die Vorbereitungszeit sollte für die Auswahl der Methoden, die Auswahl und das Kontaktieren von Probanden und die Festlegung von Terminen genutzt werden (6). Nach diesen Vorbereitungsschritten orientiert sich der Schritt der Durchführung, denn das Durchführen von Interviews ist abhängig von den angebotenen Terminen der ausgewählten Probanden (7). Dennoch sollte bereits im Vorhinein ein zeitlicher Rahmen für die Datenerhebung gesetzt werden. Dadurch können beispielsweise weitgefasste Ziele aufgedeckt werden, die innerhalb des vorgegebenen Zeitrahmens nicht realisierbar sind. Das Erstellen einer wissenschaftlichen Arbeit ist und bleibt ein Projekt, das innerhalb einer vorgegebenen Zeit umgesetzt werden muss. Die erhobenen Daten müssen im Anschluss aufbereitet werden (8). Oftmals wird bei Untersuchungen eine derart umfangreiche Menge an Daten erhoben, dass sie am besten und verständlichsten mit Hilfe von Grafiken, Diagrammen oder Tabellen dargestellt werden kann. Auch diese Arbeit beansprucht Zeit, die nicht unterschätzt werden sollte. Es ist an dieser Stelle hilfreich, mit dem Betreuer ggf. über das Verwenden von Statistik- und Analyse-Programmen (z. B. Excel, SPSS) zu sprechen. Die aufbereiteten Daten werden im anschließenden Schritt ausgewertet (9). Dabei kann es zeitlich gesehen zu Überschneidungen mit der Rohfassung des Textes kommen, da die Daten teilweise direkt im Textverlauf der Arbeit ausgewertet werden. Diese Entscheidung ist aber abhängig von persönlichen Präferenzen. Bezüglich der Zeitphase ›Rohfassung‹ ist bei empirischen Arbeiten zu beachten, dass vereinzelt Änderungen oder Anpassungen im Theorieteil vorgenommen werden müssen, die weitere Zeit beanspruchen können (10). So kann es beispielsweise passieren, dass die Erhebung unerwartete Ergebnisse liefert, die durch den vorliegenden Theorieteil nicht begründet werden können. Dementsprechend müssen Änderungen im theoretischen Abschnitt vorgenommen werden. Diese können aber ggf. auch in die Phase der Überarbeitung mit einberechnet werden (11). Diese Phase sollte neben der Revision des Textes in jedem Fall die Überarbeitung der Grafiken und Tabellen berücksichtigen (vgl. Wergen (2015), S. 124).

8. Gliederung

Der Inhaltsbereich ›Gliederung‹ sollte die Struktur der Arbeit verdeutlichen und gleicht dem späteren Inhaltsverzeichnis der wissenschaftlichen Arbeit. Die Gliederung kann sich während des tatsächlichen Arbeitsprozesses ändern, sollte aber dennoch nicht zu stark von der im Exposee angegebenen Struktur abweichen, da diese in der Regel mit dem Betreuer abgesprochen wird. Die Gliederung kann bereits Kapitel und Unterkapitel beinhalten, wobei im Voraus überlegt und ggf. mit dem Betreuer besprochen werden sollte, wie viele Gliederungsebenen sinnvoll für die Arbeit sind (▶ Kap. 4.4).

Bei der Gliederung ist zwischen einer einfachen und einer kommentierten Gliederung zu unterscheiden. Während in der einfachen Gliederung, die Kapitel und deren Titel lediglich aufgeführt sind, wird bei einer kommentierten Gliederung pro Kapitel oder Unterkapitel ein Kommentar zum jeweiligen Inhalt notiert.

Auch wenn vom Betreuer lediglich eine einfache Gliederung gewünscht wird, lohnt es sich, die Gedanken über den jeweiligen Inhalt der Kapitel zu notieren, um diese dann beim Gespräch mit dem Betreuer abzusprechen.

In der Regel erwarten die Betreuer eine Gliederungsskizze für das Erstgespräch zu einer wissenschaftlichen Arbeit, auch wenn kein Exposee gefordert ist. Die Gliederungsskizze dient dabei der gemeinsamen Abstimmung über Inhalt und Aufbau der Arbeit. Dem Autor dient die Gliederung insbesondere als Strukturübersicht der eigenen Arbeit. Bei der Erstellung der Arbeit kann sich der Autor demnach die Struktur des Arbeits- und Schreibprozesses anhand der Gliederung verdeutlichen.

9. Literaturverzeichnis

Das Literaturverzeichnis beinhaltet die im Exposee verwendete Literatur. Der Betreuer der wissenschaftlichen Arbeit erhält durch das Verzeichnis einen Überblick, welche Literatur der Autor bereits verwendet hat und kann ggf. Hinweise auf weiterführende Literatur geben. In einzelnen Fällen können Betreuer eine zusätzliche weiterführende Bibliographie anfordern, um zu erfahren, welche Literatur für die Arbeit verwendet werden soll. Die in der Bibliographie aufgeführte Literatur ist allerdings kein Bestandteil des Literaturverzeichnisses, da dieses lediglich die im Exposee verwendete Literatur wiedergeben soll. Die Länge des Verzeichnisses hängt vom Umfang des Exposees und dabei insbesondere vom Umfang der Inhaltsbereiche ›Stand der Forschung‹ und ›Theoretische Überlegungen‹ ab.

Sofern noch nicht geschehen kann der Autor durch das Erstellen des Literaturverzeichnisses im Exposee zum einen das Zitieren und zum anderen die Wiedergabe der Quellen in Verzeichnissen üben. Der Betreuer kann mit dem Autor die fachspezifische Zitierweise absprechen.

4.3 Wissenschaftliche Literatur lesen, verstehen und wiedergeben

Das Lesen spielt im Studium und auch allgemein in der Wissenschaft eine wesentliche Rolle. Mit Hilfe der Fachliteratur können Wissenschaftler die Problemstellungen und Forschungsbedarfe für ihre eigenen Projekte erarbeiten und ihre Arbeit in das gegebene Forschungsumfeld einbetten. Die Auseinandersetzung mit der Fachliteratur führt allerdings bei vielen Autoren wissenschaftlicher Texte, insbesondere zu Beginn des Studiums bzw. bei erstmaliger Erstellung einer wissenschaftlichen Arbeit, zu Frust und Demotivation. Die scheinbar endlose Menge an verwertbarer Literatur und der vermeintlich komplizierte Umgang mit dem Gelesenen verunsichert. Insbesondere vor dem Hintergrund zahlreicher Plagiatsvorfälle in den letzten Jahren erscheint der verantwortungsvolle Umgang mit der Literatur quasi unmöglich. Dabei erfordert es letzten Endes zumeist eine veränderte Lesestrategie und einen strukturierten Umgang mit der Literatur, um die Lesekompetenz und die Arbeitsstrategie zu verbessern. In diesem Kapitel wird es darum gehen, Methoden zu finden, die eigene Lesekompetenz auszubauen und einen verantwortungsbewussten Umgang mit der Fachliteratur zu entwickeln. Dabei wird der Fokus zunächst auf das strukturierte Lesen von Fachliteratur gelegt, bevor der verantwortungsvolle Umgang und die Wiedergabe von Textinhalten behandelt werden.

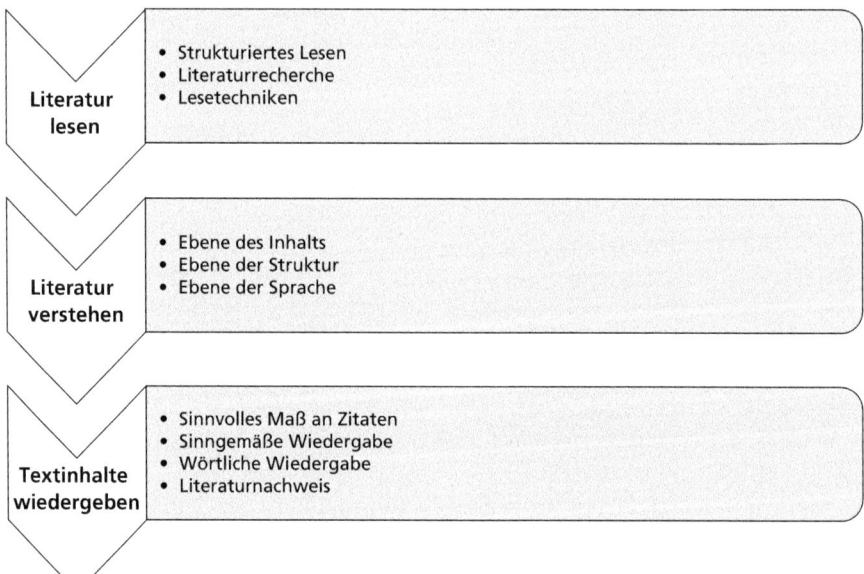

Abb. 27: Wissenschaftliche Texte lesen, verstehen und wiedergeben

Struktur schaffen

Beim strukturierten Lesen geht es im Wesentlichen darum, die für das Projekt relevante Literatur zu suchen, einen Überblick bei der Arbeit mit vielen Texten zu behalten und die Inhalte der verwendeten Literatur sinnvoll in das eigene Projekt einzubetten. Je nach Projektgröße kann unterschiedlich viel Literatur anfallen, die gelesen und bearbeitet werden muss. Dementsprechend sollten auch der Leseprozess und die Strukturierung angepasst werden (vgl. Lange (2013), S. 15). Oftmals lohnt es sich, bereits bei der Ideensammlung und bei der ersten Recherche zur passenden Literatur ein Notizen- bzw. Verwaltungssystem anzulegen, um den Überblick zu behalten und damit mangelhafte oder doppelte Literaturrecherche zu vermeiden. Das Notizensystem sollte in der Regel das Datum des Arbeitstages, die Quellenangabe und wichtige Stichpunkte und Notizen zum Quelleninhalt enthalten. Wichtig ist in jedem Fall, dass nicht nur der gelesene Inhalt eingetragen, sondern auch die jeweilige Quelle mit Seitenzahl angegeben wird, da ansonsten bei Übernahme der Notiz in die eigene Arbeit ein Plagiat riskiert wird. Der verantwortungsbewusste Umgang mit wissenschaftlicher Literatur beginnt demnach bereits beim Erstellen von Notizen und nicht erst beim Verfassen des Haupttextes. Je nach persönlicher Präferenz kann das Notizensystem handschriftlich oder digital angelegt werden. Eine per Hand geschriebene Version (z. B. ein Notizbuch oder Karteikarten) hat den Vorteil, dass sie in der Regel überall zugänglich ist und erweitert werden kann. Die digitale Version hat den Vorteil, dass erstellte Notizen direkt in den eigens verfassten Haupttext übernommen werden können und somit einfacher weiterverarbeitet werden können (vgl. Lange (2013), S. 15 ff.).

Als Notizensystem eignen sich ferner digitale Literaturverwaltungssysteme, von denen einzelne folgend vorgestellt werden sollen. Die Arbeit mit einem digitalen Tool zur Quellenverwaltung bietet den Vorteil, dass der zunehmende Literaturbestand, der für die Arbeit benötigt wird, sortiert und übersichtlich dargestellt werden kann. Die Zuordnung der Literatur zu bestimmten Themengebieten oder Kapiteln, erleichtert die Arbeit nicht unwesentlich. Aus diesen Gründen lohnt sich in der Regel die Einarbeitung in eines der digitalen Tools, auch wenn diese anfangs zeitaufwendig und umständlich erscheint (vgl. Ennen et al (2018), S. 63 f.). Die Tabelle 17 stellt vier der am häufigsten verwendeten Literaturverwaltungssysteme dar.

Tab. 17: Literaturverwaltung (Quelle: In Anlehnung an Ennen et al. (2018), S. 63 ff.)

Name	Funktionen und Handhabung
Bibliographix	Möglichkeit der Literaturrecherche, der Literaturverwaltung und des Ideenmanagements
Citavi	Möglichkeit der Literaturrecherche, der Aufgabenplanung, des Exzerpierens und des Publizierens; einfache Bedienbarkeit

Tab. 17: Literaturverwaltung (Quelle: In Anlehnung an Ennen et al. (2018), S. 63 ff.)
 – Fortsetzung

Name	Funktionen und Handhabung
EndNote	Möglichkeit der Datenspeicherung, der automatischen Erstellung von Fußnoten und Literaturverzeichnissen; umfangreiche Sortiermöglichkeiten; Einfügen von Literaturquellen in das Textverarbeitungsprogramm
JabRef	Kompatibel mit LaTex; Daten werden im BibTex-Format abgelegt; Erstellen von Literaturverzeichnissen samt Querverweisen; Verschiedene Datenimport- und Exportmöglichkeiten

Teilweise sind diese Systeme (z. B. Citavi) über eine Campus-Lizenz kostenfrei zugänglich. Vereinzelt muss allerdings ein Kostenaufwand aufgebracht werden, um alle Funktionen der Systeme nutzen zu können. Letztendlich ist die Wahl eines Notizen- bzw. Verwaltungssystems eine persönliche Entscheidung und abhängig von der Handhabung, den verfügbaren Medien, dem vorhandenen Betriebssystem und auch vom Umfang der Arbeit und dem eigenen Anspruch an die Qualität der Arbeit.

Literaturrecherche

Sobald ein geeignetes Notizensystem gefunden wurde, beginnt die Arbeit der Literaturrecherche. Je nach Stand des Studiums haben sich Studierende unterschiedlich intensiv mit der Recherche projektrelevanter Literatur beschäftigt. In jedem Fall lohnt es sich, bereits zu Beginn des Studiums (auch wenn es das Aufbaustudium ist) an einer Führung in der Universitäts- oder Institutsbibliothek teilzunehmen. Dadurch können die verschiedenen Recherchemittel (z. B. Fachdatenbanken, Fachkataloge der Bibliotheken, Zeitschriftenarchive, Suchmaschinen für wissenschaftliche Literatur) sowie auch die Literaturverwaltungsprogramme (z. B. Citavi) kennengelernt und deren Bedienungsweise erlernt werden. Auch wenn die zeitliche Investition zunächst aufwändig erscheint, lohnt sich eine solche Einarbeitung in die Literaturrecherche, da die scheinbar verlorene Zeit im Laufe des Studiums gespart wird. Letzten Endes ist es zeitaufwändiger, kurz vor dem Projektbeginn keine Kenntnisse über die Literaturrecherche zu haben und bei der Suche nach relevanter Literatur im allgemeinen Literaturumfeld zu beginnen. Auch für wissenschaftlich Tätige, die keinen Studierendenausweis besitzen, lohnt sich der Kontakt zur nächstgelegenen Universität, da oftmals Gastzugänge zu den Universitätsbibliotheken ermöglicht werden.

Grundsätzlich können verschiedene Arten von wissenschaftlicher Literatur für die eigene Arbeit genutzt werden (▶ Tab. 18). Welche Literaturart für die wissenschaftliche Arbeit relevant ist, hängt im Wesentlichen vom Thema und von der Art der Arbeit ab. Für theoretisch-konzeptionelle Arbeiten können Monographien und Aufsätze aus Sammelbänden die Literaturbasis bilden, da bereits bestehende Theorien und Konzepte analysiert werden. Für empirisch-qualitative Arbeiten kann es wichtig sein, den aktuellen Stand der Forschung zu kennen. Dafür sind Zeitschriften besser geeignet, da sie eine höhere Aktualität aufweisen. Dabei sollte auch auf englische Zeitschriftenartikel zurückgegriffen werden. Eine Kombination aus verschiedenen Literaturarten ist allerdings die Regel. Lehrbücher sind grundsätzlich nur für den Einstieg in das Thema und zur weiteren Literaturrecherche zu nutzen.

Tab. 18: Literaturarten (Quelle: Eigene Darstellung in Anlehnung an Goldenstein et al. (2018), S. 52)

Literaturart	Charakteristika
Lehrbuch	Lehrbücher »behandeln zumeist ganze Forschungsfelder (z. B. Organisation, Internationales Management, Personalmanagement) einer Wissenschaftsdisziplin (z. B. der Betriebswirtschaftslehre) und dienen primär der Vermittlung eines breiten Überblickwissens an Studierende.« (Goldenstein et al. (2018), S. 52)
Monographie	Wissenschaftliche Monografien »widmen sich i. d. R. einem spezifischen Forschungsfeld oder einer spezifischen Forschungsidee bzw. -frage, die deutlich tiefgehender als in Lehrbüchern bearbeitet wird. Monografien sind dabei primär an andere Wissenschaftler gerichtet und umfassen neben »klassischen« Monografien zudem auch Qualifizierungsarbeiten (Dissertationen und Habilitationsschriften).« (Goldenstein et al. (2018), S. 52)
Wissenschaftliche Aufsätze	Wissenschaftliche Aufsätze, »welche in wissenschaftlichen Zeitschriften (Journals), aber auch in Sammelbänden publiziert werden, zeichnen sich v. a. dadurch aus, dass zumeist einer sehr spezifischen Forschungsfrage aus einem bestimmten Forschungsfeld nachgegangen wird. Dieser Ausschnitt eines Forschungsfeldes wird dabei – hinsichtlich theoretischer und/oder empirischer Aspekte – besonders tiefgreifend bearbeitet.« (Goldenstein et al. (2018), S. 52)
Graue Literatur	Graue Literatur »(v. a. Working Paper oder Discussion Paper) umfasst alle wissenschaftlichen Schriften, welche (noch) nicht in einer der oben genannten Formen veröffentlicht bzw. verlegt wurden.« (Goldenstein et al. (2018), S. 52)

Als Beispiele für den Einstieg in die Literaturrecherche seien hier zunächst die Nachschlagewerke wie beispielsweise fachspezifische Lexika und Handwörterbücher genannt. Sie sollten lediglich dem Einstig in die Literaturrecherche dienen und ihre Aktualität sollte stets überprüft werden. Als wissenschaftliche Literatur für die eigene Arbeit sollten sie nicht dienen. Für Lehrbücher aus den Fachbereichen gelten die gleichen Prinzipien. Auch sie sollten lediglich dem Einstieg in das Thema und in die Recherche dienen. Als weiterer Einstiegspunkt in die Literaturrecherche seien zudem die Online-Datenbanken der Universitäten (OPAC – Online Public Access Catalogue) genannt. Über diese Datenbanken können Monographien und Sammelbände mit Hilfe einer Suchmaske gesucht werden. Sie haben zwar erfahrungsgemäß nicht den umfangreichsten Bestand, aber die Basisliteratur zum Forschungsthema sollte vorhanden sein. Oftmals existieren auch kooperative Bibliotheksverbünde (z. B. KOBV für Berlin und Brandenburg, HBZ für Nordrhein-Westfalen und Rheinland-Pfalz), die einen breiteren Bestand aufweisen und über die, per Fernleihe, Literatur ausgeliehen werden kann. Neben den Bibliothekskatalogen der Universitäten kann zudem der Metakatalog KVK (Karlsruher Virtueller Katalog) benutzt werden. Er umfasst alle Regionalverbünde Deutschlands sowie weitere internationale Bibliotheksverbünde. Zeitschriftenbeiträge und Aufsätze wird man aber in den Datenbanken der Universitätsbibliotheken und auch im KVK meist vergeblich suchen. Für die Suche nach Zeitschriften sei hier die Zeitschriftendatenbank (ZDB) genannt. Sie ist die weltweit größte Datenbank für Zeitschriften und Zeitungen. Für englischsprachige Aufsätze lohnt sich ein Blick auf die Webseite des ›Web of Science‹. Über die Universitätsbibliothek ist der Zugang in der Regel kostenfrei. Der Vorteil der Recherche über die Literaturdatenbank des ›Web of Science‹ ist, dass aktuelle Artikel und zudem ein sehr großer Umfang an Artikeln angeboten werden. Für die erste Literaturrecherche kann weiterhin die Webseite ›Google Scholar‹ aufgerufen werden, die neben Monographien und Herausgeberwerken auch Aufsätze anbietet. Da auf der Webseite allerdings erfahrungsgemäß nicht die gesamte Literatur einsehbar ist, sofern man sich nicht im Netz der Universität befindet, dient sie lediglich dem Einstieg in die Literaturrecherche. Diese und weitere Einstiegspunkte in die Literaturrecherche werden einschließlich ihrer jeweiligen Vor- und Nachteile in Tabelle 19 zusammengefasst.

Tab. 19: Literaturrecherche (Quelle: In Anlehnung an Ebster/ Stalzer (2017), S. 44 ff.; Beek et al. (2018), S. 58 ff.)

Name	Vorteil	Nachteil
Nachschlagewerke (Fachlexika, Handwörterbücher)	Fachspezifische Literaturhinweise	Nicht immer auf dem neuesten Stand; Sollten lediglich für den Einstieg in die Literaturrecherche dienen
Lehrbücher	Fachspezifische Literaturhinweise	Nicht immer auf dem neuesten Stand; Sollten lediglich für den Einstieg in die Literaturrecherche dienen
(Hochschul-) Bibliothekskataloge	Relativ einfache Handhabung; direkter Zugang zur Literatur	Bestand oftmals nicht sehr umfangreich; Keine Aufsätze aus Fachzeitschriften
Bibliotheksverbünde (BVB, GBV, HBZ, HEBIS, KOBV, SWB)	Gleichzeitiges Abfragen mehrerer Bestände; Fernleihe möglich	Handhabung nicht immer einfach; Kein direkter Zugang zur Literatur; Fernleihe ist kostenpflichtig
Karlsruher Virtueller Katalog (KVK)	Abfragen nationaler und internationaler Bibliotheken	Literatur (insb. aus internationalen Bibliotheken) nicht immer zugänglich

Tab. 19: Literaturrecherche (Quelle: In Anlehnung an Ebster/ Stalzer (2017), S. 44 ff.; Beek et al. (2018), S. 58 ff.) – Fortsetzung

Name	Vorteil	Nachteil
Zeitschriftendatenbank (ZDB)	Weltweit größte Datenbank für Zeitschriften	Zugriff oftmals kostenpflichtig
Web of Science	Recherche von Artikeln; Englischsprachige Aufsätze vorhanden	Zugriff oftmals kostenpflichtig
Google Scholar	Wissenschaftssuchdienst; Aktuelle Ergebnisse zum Thema	Literatur ist meist nicht komplett einsehbar

Bei der Literaturrecherche hat sich oftmals die Vorgehensweise nach dem sogenannten Schneeballsystem (›Methode der konzentrischen Kreise‹ (Kornmeier (2007), S. 117)) bewährt. Sinnvoll ist es demnach, mit aktuellen Fachtexten beispielsweise aus Fachzeitschriften zu beginnen und aus deren Literaturverzeichnissen wiederum fachrelevante Texte herauszusuchen und zu bearbeiten. In diesen können erneut die Literaturverzeichnisse für die weitere Literaturrecherche herangezogen werden. Somit kann sich der Autor Schritt für Schritt in die projektrelevante Literatur einarbeiten und sicherstellen, dass er die aktuelle Literatur verwendet, ohne dabei die Basisliteratur zu übergehen. Ein Nachteil des Schneeballsystems kann auftreten, wenn bestimmte für die Arbeit relevante Texte nicht zitiert werden und immer wieder die gleichen Autoren auftauchen (›Zitierkartell‹, ›Zitierzirkel‹). Das gesuchte Thema sollte daher im interdisziplinären Kontext gesucht werden (vgl. Kornmeier (2007), S. 118). Das Prinzip des Schneeballsystems soll in Abbildung 28 schemenhaft dargestellt werden. Dabei ist vom inneren Kreis zum äußeren vorzugehen. Die Abbildung verdeutlicht, dass durch dieses Literaturrecherchesystem der Umfang an verwertbarer Literatur für die wissenschaftliche Arbeit automatisch zunimmt.

Bei dieser Vorgehensweise wie auch bei der Literaturrecherche im Allgemeinen ist stets die Vertrauenswürdigkeit und die Aktualität der verwendeten Quellen abzuschätzen, um eine Wiedergabe nicht wissenschaftlichen oder veralteten Inhalts zu vermeiden. Dies könnte ansonsten die Qualität der eigenen Arbeit erheblich mindern. Ein kritischer Umgang mit der verwendeten Literatur ist daher von entscheidender Bedeutung.

Dabei können folgende Fragen als Orientierung dienen:

- Entspricht die Quelle den wissenschaftlichen Standards (Struktur, Sprache, Inhalt, Umgang mit Quellen)?
- Werden der Verfasser und das Veröffentlichungsjahr angegeben?
- Werden Referenzen und Zitate verwendet?
- Welche Art von Quellen wird angegeben?
- Sind die Studien/ Untersuchungen/ Ergebnisse aktuell?
- Werden adäquate Methoden angewendet (empirische Studien)?

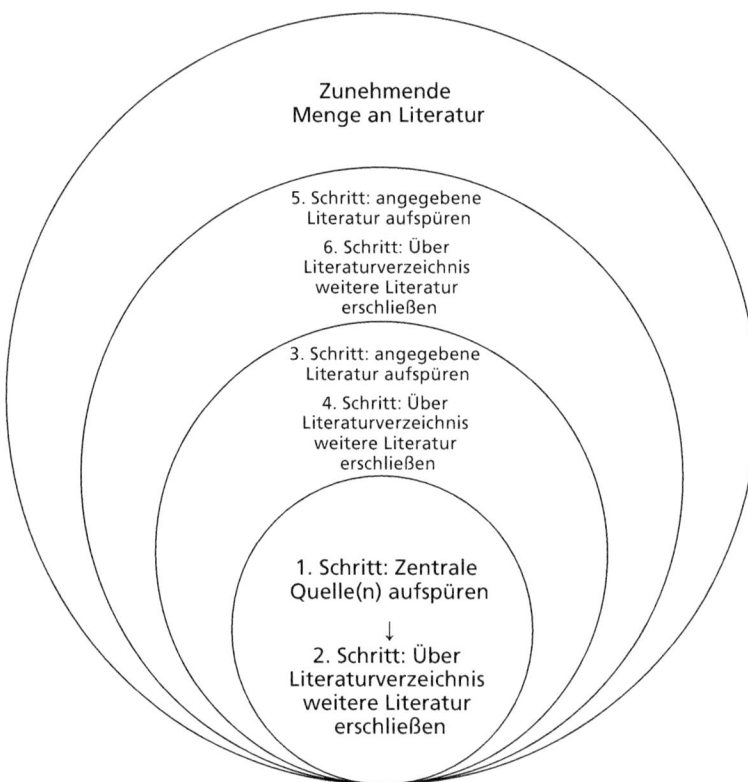

Abb. 28: Schnellballsystem in der Literaturrecherche

Generell ist ein vorsichtiger Umgang mit Internetquellen zu empfehlen. Auf die Verwendung bestimmter Webseiten wie Wikipedia oder Statista ist gänzlich zu verzichten, da die Einträge in der Regel nicht den Qualitätsanforderungen für wissenschaftliche Arbeiten entsprechen.

Um aktuelle Studien, Erhebungen und Ergebnisse zu erhalten, lohnt sich die Verwendung von Zeitschriften. Sie weisen die höchste Wertigkeit auf. Für die kritische Beurteilung von Zeitschriften können Rankings eine Orientierung geben. Dabei stützen sich die Rankings einerseits auf Zitationsanalysen (z. B. Journal Citation Report, JCR) oder andererseits auf Umfragen unter Forschenden (z. B. Verband der Hochschullehrer für Betriebswirtschaft, VHB-JOURQUAL-Ranking). Der Journal Citation Report ermittelt anhand von Literaturverzeichnissen aus Zeitschriftenartikeln den sogenannten ›Impact Factor‹. Dieser gibt an, wie häufig aus einer Zeitschrift zitiert wurde. Dies ermöglicht eine intersubjektive Beurteilung der Vertrauenswürdigkeit einer Zeitschrift. Wird in der Suchmaske bspw. das Wort ›Management‹ eingegeben, ergibt sich folgende Rangliste (Stand September 2020): 1. Academy of Management Annals, 2. Annual Review of Organizational Psychology and Organizational Behavior, 3. Journal Of International Business Studies, 4. Journal Of Management, usw. Über das VHB-JOURQUAL-Ranking werden Fachzeitschriften von Forschenden aus dem Fachbereich bewertet. Auf der Webseite stehen die entsprechenden Teilrating-Tabellen zum Download bereit.

Auch über veröffentlichte Dissertationen können aktuelle Studienergebnisse eingeholt werden. Sie weisen ebenfalls eine hohe Wertigkeit auf, sollten in ihrer Qualität aber nach den angegebenen Kriterien überprüft werden.

Lesetechniken

Bei der Literaturrecherche sollte sich der Autor immer wieder das Ziel der Recherche vor Augen halten. Nicht selten wird zu viel Zeit für irrelevante Literatur vergeudet. Grund dafür ist oftmals ein zu weit gefasstes Projektthema, dessen Grenzen nicht klar genug gesetzt wurden. Je klarer das eigene Thema oder die eigene Forschungsfrage formuliert wurde, desto leichter fällt auch die Entscheidung, welche Informationen zur Bearbeitung des Projekts relevant sind. Auch bei den jeweils ausgewählten Texten sollte sich der Autor zunächst darüber Gedanken machen, mit welchem Ziel die jeweiligen Texte gelesen werden und sich damit die Frage stellen, wofür die enthaltenen Informationen wichtig sein sollen. Werden die Informationen als Vorbereitung für eine Abschlussarbeit benötigt oder dienen sie der Erstellung einer Seminarpräsentation? Das Leseziel bestimmt die Lesetechnik bzw. die Kombination von Lesetechniken, denn je nach Ziel muss der Text unterschiedlich gründlich gelesen und die Inhalte müssen unterschiedlich weiterverarbeitet werden. Der Autor sollte demnach vor dem Lesen des Textes bestimmen, wie intensiv der Text gelesen werden muss und in welcher Form er den Text in seiner eigenen Arbeit verwerten möchte (vgl. Lange (2013), S. 24 ff.). Aus diesen beiden Grundvoraussetzungen lassen sich anschließend die folgenden Lesetechniken ableiten:

Tab. 20: Verschiedene Lesetechniken (Quelle: Eigene Darstellung in Anlehnung an Lange (2013), S. 26 ff.)

Überfliegendes oder orientierendes Lesen	Ziel: • Den Inhalt des Textes ermitteln • Die Eignung des Textes für das Leseziel ermitteln Technik: Der Text wird nicht genau gelesen, sondern es werden lediglich Textelemente überflogen, die Aufschluss über den Inhalt geben (bspw. Titel, Inhaltsverzeichnis, Abstract, einzelne Textpassagen, Literaturverzeichnis, Graphiken) Vorteile: • Überblick über Inhalt und Aufbau des Textes • Schnelle Entscheidung über Relevanz des Textes Nachteile: • Mangelhaftes Verständnis über den Textinhalt

Tab. 20: Verschiedene Lesetechniken (Quelle: Eigene Darstellung in Anlehnung an Lange (2013), S. 26 ff.) – Fortsetzung

Sichtendes Lesen	Ziel: Gezielte Stichwortsuche beim Überfliegen des Textes Technik: Vor dem Lesen des Textes werden bestimmte Fragen oder Stichpunkte formuliert, die dann im Text gesucht werden. Vorteile: • Heraussuchen geeigneter Textpassagen für das anschließende gründliche Lesen • Schnelle Entscheidung über Relevanz des Textes Nachteile: • Mangelhaftes Verständnis über den Textinhalt
Gründliches Lesen	Ziel: • Den gesamten Text oder bestimmte Textabschnitte in allen Einzelheiten verstehen • Aufbau und Organisation des Textes erfassen • Zu einer kritischen Einschätzung des Textinhalts gelangen Technik: Der Text wird nicht nur überflogen, sondern ausführlich und konzentriert gelesen. Dabei werden in der Regel bereits Stichpunkte, Zitate oder Grafiken für die eigene Arbeit übernommen. Diese Lesetechnik ist dann sinnvoll, wenn der vorliegende Text als projektrelevant angesehen wird, da sie in der Regel sehr zeitaufwendig und konzentrationsabhängig ist. Teilweise müssen Begriffe nachgeschlagen werden, wodurch der Leseprozess unterbrochen wird. Vorteile: • Besseres Verständnis des Textinhalts • Intensive und kritische Auseinandersetzung mit dem Textinhalt • Weiterverarbeitung für das eigene Projekt möglich Nachteile: • Erfordert eine hohe Konzentration • Langsamste Form des Lesens • Unterbrechungen durch Nachschlagen von Begriffen und Beschaffen von Informationen

Tab. 20: Verschiedene Lesetechniken (Quelle: Eigene Darstellung in Anlehnung an Lange (2013), S. 26 ff.) – Fortsetzung

Selektives Lesen	Ziel: • Ausführliches Lesen von Textpassagen, die für das eigene Projekt relevant sind Technik: Das selektive Lesen ist im Prinzip eine Kombination von überfliegendem oder sichtendem Lesen und gründlichem Lesen. Es werden zunächst die Textpassagen herausgesucht, die für das eigene Projekt als relevant erachtet werden und anschließend werden diese Passagen gründlich gelesen und für das eigene Projekt bearbeitet. Hierbei ist es, wie beim gründlichen Lesen, nützlich, Notizen zu machen und unbekannte Begriffe nachzuschlagen. Vorteile: • Intensive Beschäftigung mit einzelnen für das Projekt relevanten Textpassagen • Ausschluss von irrelevanten Textpassagen, die Zeit rauben Nachteile: Teilweise ›doppeltes‹ Lesen durch Verwendung unterschiedlicher Lesetechniken
Analysierendes Lesen	Ziel: • Einen Text unter bestimmten Aspekten untersuchen Technik: Vor dem Lesen werden bestimmte Aspekte festgelegt, auf die der Text hin untersucht werden soll. Dabei kann es sich um inhaltliche Aspekte handeln, ein Text kann aber auch auf die Struktur oder Stilistik hin untersucht werden. Dabei kann je nach Bedarf der gesamte Text oder lediglich relevante Textpassagen bearbeitet werden. Vorteile: • Zielgerichtetes Lesen Nachteile: • Eventuelle Vernachlässigung anderer projektrelevanter Aspekte

Die angegebenen Lesetechniken lassen sich je nach Leseziel kombinieren und sollten nicht als strikt getrennte Techniken betrachtet werden. Um sich in ein neues Thema einzulesen, lohnt es sich beispielsweise zunächst die Technik des überfliegenden Lesens zu nutzen, um eine Idee vom Thema zu erhalten. Sofern der entsprechende Text als relevant empfunden wird, kann anschließend die Technik des gründlichen Lesens verwendet werden.

Fachtexte verstehen
Wissenschaftliche Texte enthalten in der Regel anspruchsvolle Inhalte, die beim Lesen oft zu Frust und Unsicherheit führen, sofern die Grundkenntnisse zum Thema fehlen. Das aufmerksame Lesen ist sehr zeitintensiv und oftmals muss der Leseprozess unterbrochen werden, um unbekannte Begriffe nachzuschlagen oder ausführlichere Informationen zu einzelnen Themen zu beschaffen. Daher ist der Leseprozess gerade zu Beginn einer Projektarbeit und generell zu Beginn eines neu zu bearbeitenden Themas oftmals mit Frust und negativer Einstellung zum Thema verbunden. Ein strukturiertes Vorgehen beim Lesen und das Bewusstmachen der Herausforderungen wissenschaftlicher Texte können den Leseprozess erleichtern und zum Weiterlesen motivieren. Die bereits beschriebenen Lesetechniken unterstützen die unterschiedliche Herangehensweise an wissenschaftliche Texte. Zudem ist es oftmals hilfreich, sich die Gründe der Schwierigkeiten vor Augen zu führen (vgl. Lange (2013), S. 64 ff.).

Nach Lange (2013) betrifft das Textverständnis drei unterschiedliche Ebenen, die in Abbildung 29 skizziert werden.

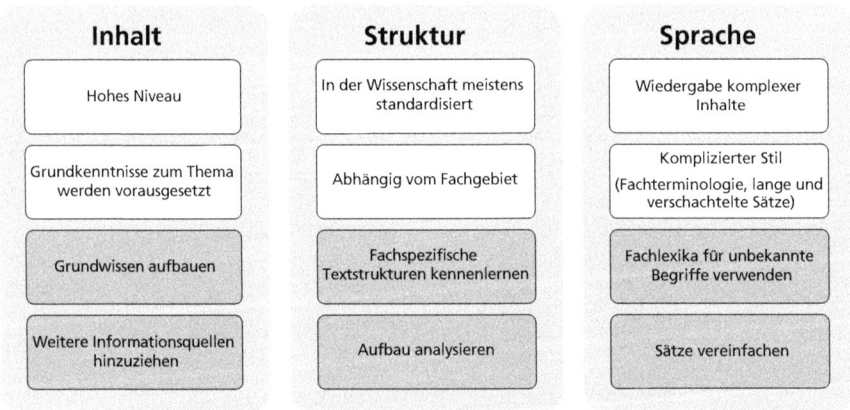

Abb. 29: Die drei Ebenen des Textverständnisses (Quelle: Eigene Darstellung in Anlehnung an Lange (2013), S. 65)

Der Abbildung entsprechend betrifft das Textverständnis zunächst die Ebene des Inhalts. In der Regel setzen die Verfasser der Fachtexte voraus, dass sich der Leser mit dem beschriebenen Thema bzw. dem Themenbereich beschäftigt hat und somit Kenntnisse über das Fachgebiet besitzt. Daher muss sich der Leser beim Lesen solcher Fachtexte zumeist weitere Informationsquellen, wie bspw. Fachlexika, hinzuziehen, um Verständnislücken zu schließen. Es müssen also zunächst Grundkenntnisse über das Fachgebiet aufgebaut werden, um bestimmte Fachtexte zu verstehen (vgl. Lange (2013), S. 70 ff.).

Des Weiteren betrifft das Textverständnis die Ebene der Struktur. In der Wissenschaft sind Textstrukturen in der Regel standardisiert, können aber von Fachgebiet zu Fachgebiet variieren. Für den Leser ist es daher sinnvoll, sich mit den fachspezifischen Textstrukturen auseinanderzusetzen, um ein besseres Textverständnis aufzubauen.

Anschließend kann der Aufbau des vorliegenden Textes analysiert werden, um einen Überblick über die Struktur zu erhalten. Dafür kann es beispielsweise sinnvoll sein, einzelnen Abschnitten Überschriften zu geben. So kann nicht nur die Struktur, sondern gleichsam auch der Inhalt des Textes erfasst werden (vgl. Lange (2013), S. 72 ff.).

Abschließend betrifft das Textverständnis die Ebene der Sprache. In den Fachtexten werden komplexe Inhalte wiedergegeben, die genaue Formulierungen und oftmals einen daraus folgenden komplizierten Stil erfordern. Sätze werden deutlich länger und verschachtelter formuliert, als es in anderen Textgenres üblich ist. Hinzu kommt, dass in Fachtexten eine Fachterminologie mit vielen Fremdwörtern verwendet wird und Begriffsdefinitionen von bekannten Definitionen abweichen können, da diese je nach Fachgebiet variieren können. Diese Charakteristika können das Textverständnis erheblich erschweren. Empfehlenswert ist es daher, sich mit der Fachterminologie auseinanderzusetzen und dafür die spezifischen Fachlexika zu verwenden, um Missverständnisse in der Begriffsdefinition zu vermeiden. Lange und verschachtelte Sätze können ›entschachtelt‹ und verkürzt werden, um die Kernaussage des Satzes zu definieren. Für fremdsprachige Texte empfiehlt es sich, zunächst ein Grundwissen über das Thema in der eigenen Sprache aufzubauen und anschließend ein zweisprachiges Glossar anzulegen. Zu beachten ist bei fremdsprachigen Texten, dass auch die Struktur des Textes variieren kann (vgl. Lange (2013), S. 77 ff.).

Die Einsicht über die Schwierigkeiten der verschiedenen Textverständnisebenen kann die Herangehensweise an Fachtexte erleichtern. Zumeist hilft es bereits, die dem Leseprozess teilweise notwendigen vorgeschalteten Schritte (z. B. andere und leichtere Informationsquellen heranziehen) zu berücksichtigen und umzusetzen.

Als sinnvolle und hilfreiche Methode zum besseren Verständnis von Fachtexten hat sich das Zusammenfassen bzw. das Exzerpieren erwiesen. Dabei werden komplette Texte oder einzelne Textabschnitte in zusammengefasster Form und in eigener Wortwahl wiedergegeben. Bei dieser Arbeitsweise kommen in der Regel bereits die Verständnisschwierigkeiten zum Vorschein. Werden in der Zusammenfassung überwiegend die Worte des Ursprungstextes übernommen, ist das meist schon ein Hinweis auf ein mangelhaftes Verständnis des Textinhalts. Es lohnt sich daher, so weit wie möglich auf die Wortwahl des Ursprungstextes zu verzichten und eigene Formulierungen für die Zusammenfassung zu finden. Dies ist ebenfalls im Hinblick auf die Verwendung der Zusammenfassung in der wissenschaftlichen Arbeit sinnvoll, denn so können unnötige Plagiate vermieden werden. Für die Weiterverarbeitung der Zusammenfassung ist es notwendig, die Exzerpte mit den jeweiligen Seitenzahlen des bearbeiteten ursprünglichen Textabschnittes zu versehen. Auf diese Weise kann der eigene Text in der wissenschaftlichen Arbeit als korrektes Zitat wiedergegeben werden (vgl. Lange (2013), S. 50 ff.). Die wesentlichen Kriterien des Zitierens sollen im folgenden Abschnitt besprochen werden.

☞ **Fachtexte wiedergeben**

Beim Verfassen einer wissenschaftlichen Arbeit wird sich der Autor zwangsläufig auf Vorarbeiten anderer Forscher und Autoren beziehen. Die gelesene Sekundärliteratur wird in die eigene Arbeit eingebunden, indem bspw. Theorien, in der eigenen Arbeit diskutiert oder auch Begriffsdefinitionen oder Studien im eigenen Text angeführt werden. Der Bezug zu gelesenen und projektrelevanten Fachtexten ist ein wichtiges Qualitätskriterium, anhand dessen der Betreuer erkennen kann, inwieweit sich der Autor mit der Sekundärliteratur auseinandergesetzt hat. Sobald es sich um die Wiedergabe fremder Gedanken handelt, muss dies im Text erkenntlich gemacht werden. Werden Ideen, Forschungspositionen oder Argumentationen übernommen, ohne dass die Quelle angegeben wird, handelt es sich um ein Plagiat. Dabei ist zu beachten, dass nicht nur die wörtliche Übernahme von Ideen, Forschungspositionen oder Argumentationen mit einem Beleg angeführt werden muss, sondern auch die inhaltsgleiche Übernahme. Dementsprechend wird bei der Wiedergabe der Fachliteratur in der eigenen wissenschaftlichen Arbeit zwischen sinngemäßen und wörtlichen Zitaten unterschieden.

Wörtliches Zitat	Sinngemäße Wiedergabe der Literatur im eigenen Text
Verwendung: • Kernaussage unterstützt die eigene Argumentation • Einführung eines neuen Begriffs • Beschreibung bestehender Theorien **Anforderungen:** • Angemessenes Maß an wörtlichen Zitaten finden • Integration des Zitats in den Text	**Verwendung:** • Eigene Interpretation der Aussage möglich **Anforderungen:** • Kennzeichnung des Textabschnitts als Wiedergabe einer Aussage (Forschungsposition) • Bspw. durch Wiedergabe im Konjunktiv oder Hinweis auf den Verfasser des Originaltexts

Abb. 30: Sinngemäßes versus wörtliches Zitat (Quelle: Eigene Darstellung in Anlehnung an Esselborn-Krumbiegel (2014), S. 88 ff.)

Die einfachste Form der Wiedergabe fremder Gedanken ist das wörtliche Zitat. Hierbei wird der Text des Verfassers wortwörtlich in den eigenen Text übernommen. Wörtliche Zitate werden in der Regel verwendet, wenn die Formulierung in der Quelle so treffend ist, dass sich der Autor gegen eine Umformulierung entscheidet, da daraus möglicherweise Verständnisschwierigkeiten oder umständliche Satzstrukturen entstehen. Wörtliche Zitate können zudem für die Einführung neuer Begriffe oder für die Beschreibung bestehender Theorien genutzt werden. Für den Autor ist es allerdings wichtig, ein bei der Menge wörtlicher Zitate ein sinnvolles Maß zu finden. Eine Aneinanderreihung von direkten Zitaten kann sich sehr negativ auf die Qualität der Arbeit auswirken. Zudem sollte der Autor das wörtliche Zitat sinnvoll in den eigenen Text einbetten und sich vorher oder im Anschluss auf den wiedergegebenen Inhalt beziehen. Eine fehlende Integration des Zitats in den Text kann vom Leser bzw. Betreuer der Arbeit als mangelndes Verständnis über den Inhalt gedeutet werden.

Das wörtliche Zitat wird durch Anführungszeichen erkenntlich gemacht und kann durch einen Hinweis auf den Verfasser eingeleitet werden (▶ Tab. 17). Zu beachten ist dabei, dass der Text exakt und dementsprechend auch mit enthaltenen Fehlern oder Hervorhebungen (bspw. Kursiv oder Fettdruck), übernommen werden muss. Fehler, die im Ursprungstext auftauchen, können im Zitat mit der Angabe ›[sic!]‹ (lat.: so; so lautet die Quelle) markiert werden. Durch diese Markierung wird verhindert, dass der Fehler dem Verfasser zugewiesen wird. Sollen einzelne Textstellen ausgelassen oder eigene Wörter hinzugefügt werden, kann dies mit eckigen Klammern erkenntlich gemacht werden. Beim Auslassen von Textpassagen werden in die eckigen Klammern drei Punkte eingefügt (›[...]‹), beim Hinzufügen von Wörtern, werden diese in die eckigen Klammern eingefügt (›[hinzugefügte Wörter]‹).

Tab. 21: Beispiele für wörtliche Zitate

Wörtliches Zitat	Lange empfiehlt: »Verwenden Sie ein wörtliches Zitat nur, wenn Sie genau wissen, welche Funktion es in Ihrem Text hat und warum Sie es verwenden wollen.« (Lange (2013), S. 102)
	Lange empfiehlt, dass Sie ein wörtliches Zitat nur verwenden sollten, »wenn Sie genau wissen, welche Funktion es in Ihrem Text hat und warum Sie es verwenden wollen.« (Lange (2013), S. 102)
Fehler im Ursprungstext markieren	»Vielleicht gib [sic!] es nicht nur einen direkten kausalen Zusammenhang zwischen der von Ihnen identifizierten Ursache und den [sic!] abhängigen Variable, sondern zusätzlich auch einen indirekten Zusammenhang?« (Plümper (2012), S. 43)
Wörter aus dem Ursprungstext auslassen	Lange empfiehlt: »Verwenden Sie ein wörtliches Zitat nur, wenn Sie genau wissen, [...] warum Sie es verwenden wollen.« (Lange (2013), S. 102)
Dem Zitat Wörter hinzufügen	Lange empfiehlt: »Verwenden Sie ein wörtliches [bzw. direktes] Zitat nur, wenn Sie genau wissen, welche Funktion es in Ihrem Text hat und warum Sie es verwenden wollen.« (Lange (2013), S. 102)
Hervorhebungen im Ursprungstext übernehmen	Plümper betont, dass »das vordringliche Problem der Formulierung einer eigenen Theorie [...] die richtige Auswahl einer *optimalen* Theorie aus einem bunten Strauß *möglicher* Theorien [...] [darstellt].« (Plümper (2012), S. 36)

Tab. 21: Beispiele für wörtliche Zitate – Fortsetzung

Eigene Hervorhebungen	Lange empfiehlt, dass Sie ein wörtliches Zitat nur verwenden sollten, »wenn Sie genau wissen, **welche Funktion** [Herv. d. d. Verf.] es in Ihrem Text hat und **warum** [Herv. d. d. Verf.] Sie es verwenden wollen.« (Lange (2013), S. 102) [Herv. d. d. Verf.] = [Hervorhebung durch den Verfasser]

Längere wörtliche Zitate werden im Text eingerückt, um sie vom übrigen Text abzuheben (Blockzitat). Die genauen Vorgaben zum Einrücken des Textes können den fachspezifischen Anweisungen entnommen werden. Generell werden sie vom linken Rand eingerückt und der Zeilenabstand wird verkleinert. Die Anführungszeichen können, müssen in diesem Fall aber nicht mehr angeführt werden.

»Direkte Zitate sollten Sie nur *sehr sparsam* einsetzen, am besten nur dann, wenn der Autor einer Quelle einen Gedanken in besonders treffender Weise zu Papier gebracht hat und/oder eine Umschreibung den Sinn des Zitats entstellen würde. In allen anderen Fällen sollten Sie die wesentlichen Aussagen der Quelle in eigenen Worten ausdrücken.« (Ebster/ Stalzer (2017), S. 127)

Um eine Aneinanderreihung von wörtlichen Zitaten zu vermeiden und um erkenntlich zu machen, dass der Inhalt der Sekundärliteratur verstanden und interpretiert wurde, ist es empfehlenswert, den Inhalt in eigenen Worten, also sinngemäß wiederzugeben. Die sinngemäße Wiedergabe von Fachliteratur ergibt sich beispielsweise durch die zuvor geschriebene Zusammenfassung (Exzerpt) eines Fachtextes, die anschließend in den eigenen Text eingebaut wird. Auch wenn hierbei die eigene Wortwahl verwendet wird, ist es wichtig, die Quelle der Idee oder Argumentation anzugeben. Dabei werden allerdings keine Anführungszeichen verwendet. Sinngemäße Zitate können beispielsweise in Form einer Konjunktivformulierung dargestellt werden. Durch diese Vorgehensweise erkennt der Leser, dass es sich um die Weiterentwicklung fremder Gedanken und Argumentationen handelt. Weiterhin hat der Autor die Möglichkeit, auf den Verfasser der wiedergegebenen Aussage hinzuweisen und ihn damit explizit im Text zu nennen.

Die Quelle des Zitats muss direkt im Anschluss an die Wiedergabe angegeben werden. Die Quellenangabe ist für wörtliche wie auch für sinngemäße Zitate gleichsam verpflichtend. Bei der Quellenangabe im Text können zwei Zitationsstandards unterschieden werden. Zum einen gibt es den amerikanischen Zitationsstandard (Chicago Manual of Style Standard, Harvard-Zitation), der Belegstellen im Fließtext zitiert und zum anderen den deutschen oder klassischen Zitationsstandard, der als Vollbeleg oder Kurzbeleg in der Fußnote zitiert. Beide Zitationsformen sollen folgend beschrieben werden.

Bei der amerikanischen Zitationsform wird die Quelle im Fließtext direkt hinter dem Zitat angegeben. Dabei handelt es sich um einen Kurzbeleg, für den die ausführlichen Informationen dem Literaturverzeichnis entnommen werden können. Die Quellenangabe sollte in dieser Zitationsform den bzw. die Autorennamen, das Jahr der Veröffentlichung und die Seitenzahl des entnommenen Zitats enthalten. Die Quellenangaben werden in Klammern direkt hinter dem Zitat genannt. Handelt es sich um ein indirektes Zitat, also die sinngemäße Wiedergabe von fremden Gedanken, kann dies durch die Abkürzung ›vgl.‹ (für ›vergleiche‹) kenntlich gemacht werden. Die Abkürzung steht in diesem Fall als erstes und vor dem Autorennamen in der Klammer. Handelt es sich um mehr als zwei Autoren, genügt es, den ersten Autorennamen zu nennen und die Abkürzung ›et al.‹ (für ›et alii‹) oder ›u. a.‹ (für ›und andere‹) hinzuzufügen. Erfolgen in einem Abschnitt mehrere Literaturverweise, werden die Autoren in alphabetischer Reihenfolge genannt und durch ein Semikolon getrennt.

»Wörtliches Zitat« (Autorenname(n), Veröffentlichungsjahr, Seitenangabe)
    Bsp. (Kornmeier (2007), S. 113)
    Bsp. (Raffée/ Abel (1979), S. 1)
    Bsp. (Goldenstein et al. (2018), S. 143)
    Bsp. (Kornmeier (2007), S. 4 f.; Raffée (1974), S. 13)
Sinngemäßes Zitat (vgl. Autorenname(n), Veröffentlichungsjahr, Seitenangabe)
    Bsp. (vgl. Kornmeier (2007), S. 113)

Insbesondere bei den sinngemäßen Zitaten kann es vorkommen, dass der Inhalt von mehreren Seiten wiedergegeben wird. Dies kann durch die Abkürzung ›f.‹ (für ›folgende‹) bei einer weiteren Seite und durch ›ff.‹ (für ›fortfolgende‹) bei mehreren folgenden Seiten hinter der Seitenangabe erkenntlich gemacht werden.

Sinngemäßes Zitat über eine Folgeseite (vgl. Autorenname, Veröffentlichungsjahr, Seitenangabe f.)
    Bsp. (vgl. Lange (2013), S. 43 f.)
Sinngemäßes Zitat über mehrere Seiten (vgl. Autorenname, Veröffentlichungsjahr, Seitenangabe ff.)
    Bsp. (vgl. Lange (2013), S. 43 ff.)

Wird innerhalb eines Abschnitts mehrmals auf dieselbe Quelle verwiesen, kann dies nach erstmaliger Nennung des Autors und des Veröffentlichungsjahres durch die Abkürzung ›ebd.‹ (für ›ebenda‹, ›ebendort‹) kenntlich gemacht werden. Dies sollte allerdings nicht über allzu viele Seiten erfolgen, da der Leser sonst ggf. zurückblättern muss, um den zitierten Autor ausfindig zu machen. Zudem muss darauf geachtet werden, dass zwischen den Zitaten kein weiterer Autor zitiert wird.

Zitat ((vgl.) Autorenname, Veröffentlichungsjahr, Seitenangabe)
    Bsp. (Kornmeier (2007), S. 113)
Folgende Zitate aus der gleichen Quelle (ebd. Seitenangabe)
    Bsp. (ebd., S. 114)

Wird auf den gleichen Autor aber auf eine andere Arbeit verwiesen kann dies durch die Abkürzung ›id.‹ (für ›idem‹) erkenntlich gemacht werden.

> Zitat ((vgl.) Autorenname, Veröffentlichungsjahr, Seitenangabe)
>   Bsp. (Kornmeier (2007), S. 113)
> Folgende Zitate vom gleichen Autor aber aus einer anderen Quelle (id., Veröffentlichungsjahr, Seitenangabe)
>   Bsp. (id. (2013), S. 114)

Verweise auf Internetquellen werden prinzipiell mit Autoren- bzw. Institutions- oder Unternehmensnamen und Erscheinungsjahr angegeben.

> Zitat (Autoren- bzw. Institutions- oder Unternehmensname, Veröffentlichungsjahr)
>   Bsp. (Statistisches Bundesamt 2019)

Speziell bei Internetquellen, aber auch bei anderen Quellen, kann es vorkommen, dass der Autor und/ oder das Erscheinungsdatum bzw. -jahr nicht genannt werden. Diese Quellen sind besonders kritisch zu bewerten. Im Zitat können diese Sonderfälle durch die Abkürzung ›o.A.‹ (für ›ohne Autor‹) oder ›o.V.‹ (für ›ohne Verfasser‹) und ›o.J.‹ (für ›ohne Jahr‹) bzw. ›o.D.‹ (für ›ohne Datum‹) angegeben werden. Diese Angaben sind dann ebenfalls im Literaturverzeichnis anzugeben.

> Zitat ((vgl.) o.A., Veröffentlichungsjahr, Seitenangabe)
> Zitat ((vgl.) Autor, o.D., Seitenangabe)
> Zitat ((vgl.) o.A., o.D., Seitenangabe)

Hat der Autor mehrere Arbeiten im gleichen Jahr veröffentlicht auf die im Text verwiesen wird, können die Titel durch Hinzufügen von Buchstaben (a, b, c...) hinter dem Veröffentlichungsjahr erkenntlich gemacht werden. Diese Angaben sind dann ebenfalls im Literaturverzeichnis anzugeben.

> Zitat (Autorenname, Veröffentlichungsjahr a, b, c..., Seitenangabe)
>   Bsp. (Raffée (1979a), S. 113)
>   (Literaturverzeichnis: Wissenschaftstheoretische Grundfragen der Wirtschaftswissenschaften, München: Vahlen.)
>   Bsp. (Raffé (1979b), S. 32)
>   (Literaturverzeichnis: Marketing und Umwelt, Stuttgart: Poeschel)

Handelt es sich bei dem Zitat um ein Sekundärzitat, also ein Zitat, das aus einer zweiten Quelle in die zitierte Quelle übernommen wurde, werden die Primär- und die Sekundärquelle nacheinander genannt. Dabei erhält die Sekundärquelle den Zusatz ›zit. N.‹ (für ›zitiert nach‹). Sekundärzitate sollten, wenn möglich, allerdings vermieden werden. Es sollte versucht werden, die Quelle, aus der das Zitat übernommen wurde, herauszusuchen.

Zitat (Primärquelle: Autorenname, Veröffentlichungsjahr, Seitenangabe, Sekundärquelle: zit. n. Autorenname, Veröffentlichungsjahr, Seitenangabe)
Bsp. (Schalke (2010), S. 58., zit. n. Oehlrich (2015), S. 36)

Bei der deutschen bzw. klassischen Zitierweise wird die Quelle als Voll- oder Kurzbeleg in der Fußnote angegeben. Es werden in der Regel alle Informationen über die Quelle genannt. Zusätzlich zum Autorennamen, zum Veröffentlichungsjahr und zur Seitenangabe wären demnach der Titel der Quelle, der Veröffentlichungsort und bei Artikeln aus Zeitschriften das Erscheinungsjahr des Hefts, sowie die Seitenangaben des gesamten Artikels zu nennen. Der Leser muss bei dieser Zitierweise demnach nicht ins Literaturverzeichnis schauen, um die genauen Informationen über die Quelle zu erhalten. Auf die Fußnoten wird durch eine hochgestellte Nummerierung im Text verwiesen (▶ Abb. 31). Für die oben genannten Sonderfälle der amerikanischen Zitationsform gelten die gleichen Regeln in der klassischen Zitierweise.

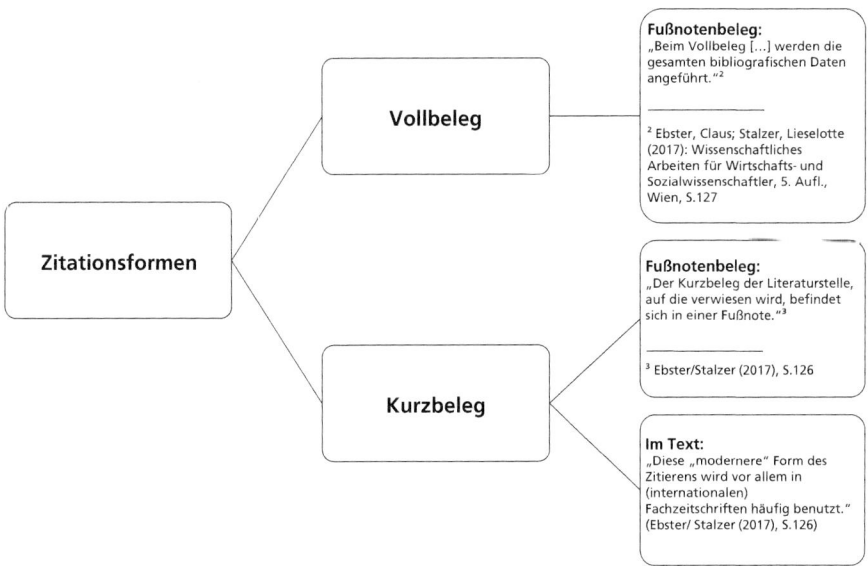

Abb. 31: Grundsätzliche Zitationsformen (Quelle: In Anlehnung an Ebster/ Stalzer (2017), S. 127)

Beide Zitierweisen haben Vor- und Nachteile. Bei der amerikanischen Zitierweise, die inzwischen wesentlich häufiger verwendet wird, muss der Leser den Leseprozess nicht unterbrechen, um die wichtigsten Informationen über die Quelle eines Zitats zu erhalten. Er kann eigenständig entscheiden, ob er sich genauere Informationen zu der Quelle aus dem Literaturverzeichnis einholt, oder ob er zunächst den Textabschnitt oder den gesamten Text zu Ende liest. Ein weiterer Vorteil der amerikanischen Zitierweise ist, dass die Fußnoten lediglich für Begleitinformationen genutzt werden. Allzu viele Quellenangaben in der Fußnote können dazu führen, dass die Seitenaufteilung zwischen Fließtext und Fußnotenbereich unausgewogen wirkt. Dies ist gleichsam ein wesentlicher Nachteil der deutschen Zitierweise. Ein Vorteil dieser Form ist allerdings, dass die Quellenangaben den Lesefluss nicht stören. Die hochgestellte Nummerierung ist deutlich unauffälliger als der Kurzbeleg im Text und wird daher vom Leser nicht so stark wahrgenommen. Letztendlich liegt die Entscheidung für eine der beiden Zitierweisen beim Autor, sofern sie nicht vorgegeben wird. Sobald er sich aber für eine der beiden Formen entschieden hat, sollte er diese auch in der gesamten Arbeit verwenden und nicht zwischen den Zitierweisen wechseln.

4.4 Strukturierung und Gliederung einer wissenschaftlichen Arbeit

Dem Aufbau einer wissenschaftlichen Arbeit wird eine wesentliche Rolle zugeschrieben, die von den Verfassern nicht selten unterschätzt wird. Auch die Form der Arbeit orientiert sich an wissenschaftlichen Qualitätskriterien, die es zu beachten gilt. Durch eine sinnvolle und übersichtliche Gestaltung der Arbeit kann der Autor eine strukturierte und organisierte Arbeitsweise vorweisen. Diese wird ihm nicht nur für das Studium, sondern auch für die berufliche und wissenschaftliche Tätigkeit außerhalb der Hochschule von Nutzen sein.

In diesem Abschnitt sollen allgemeine Strukturierungs- und Gliederungsempfehlungen für wissenschaftliche Arbeiten gegeben werden, die in wissenschaftlichen Arbeiten für das Studium wie auch für studienunabhängige Arbeiten angewendet werden können. Sie sind demnach unabhängig vom Umfang und vom Schwierigkeitsgrad der Arbeit. Die fachspezifischen Ordnungsschemata sollte der Autor allerdings den fachspezifischen Merkblättern entnehmen, die von Professoren, Dozierenden oder Institutionen in der Regel herausgegeben werden. Ferner können die fachspezifischen Regelungen ebenfalls mit dem jeweiligen Betreuer der Arbeit abgestimmt werden.

Zunächst sollen Hinweise zur formalen Gestaltung einer wissenschaftlichen Arbeit gegeben werden, bevor Gliederungsmöglichkeiten des Fließtextes dargestellt werden. In einem Exkurs sollen zudem die Besonderheiten wissenschaftlicher Artikel zu empirischen Studien herausgearbeitet werden. Auf die Strukturierungsmöglichkeiten einer Präsentation wird in diesem Abschnitt nicht eingegangen, da sie Hauptthema des nächsten Kapitels sein werden, wenn es um die Präsentation und Diskussion einer wissenschaftlichen Arbeit gehen wird.

4.4 Strukturierung und Gliederung einer wissenschaftlichen Arbeit

Formale Gestaltung

Die Beachtung formaler Vorschriften bei der Erstellung einer wissenschaftlichen Arbeit gehört zu den Anforderungen, die an Studierende und wissenschaftlich Tätige gestellt werden. Der Betreuer der Arbeit wird dementsprechend die Umsetzung der formalen Kriterien in die Bewertung mit einfließen lassen. Dabei ist von besonderer Bedeutung, dass der Autor den formalen Aufbau zusammenhängend also konsistent gestaltet.

Folgendes Ordnungsschema kann für wissenschaftliche Arbeiten verschiedener Arten verwendet werden (▶ Abb. 32). Es orientiert sich an den Vorgaben der Universitäten und ist daher hauptsächlich für Arbeiten innerhalb des Studiums (Seminararbeiten, Hausarbeiten und Abschlussarbeiten) gedacht. Viele Kriterien können aber für die wissenschaftliche Arbeit außerhalb der Universität genutzt und ggf. an die jeweiligen Vorgaben angepasst werden.

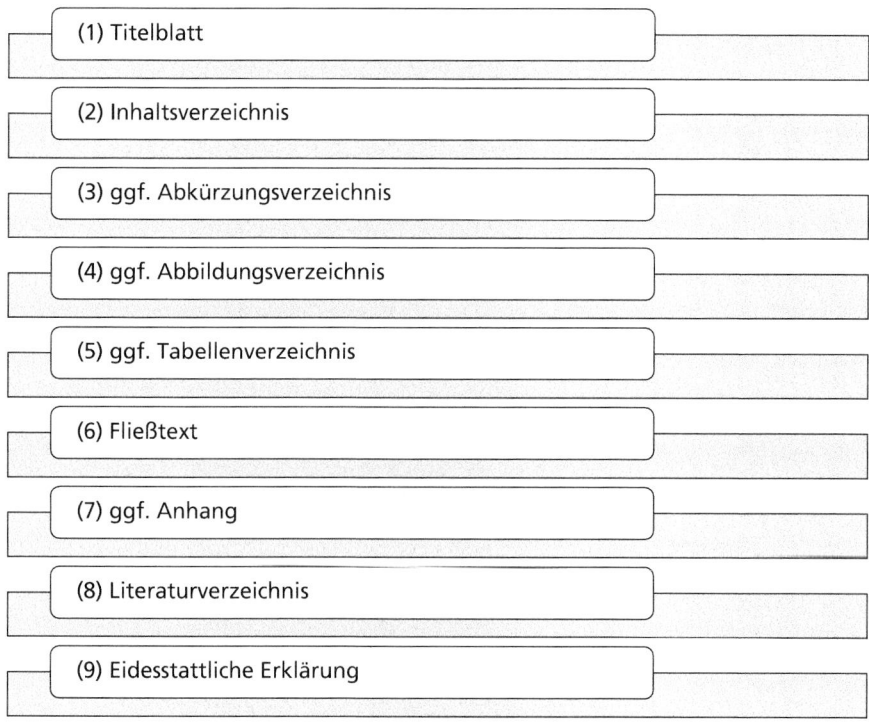

Abb. 32: Formale Gestaltung einer wissenschaftlichen Arbeit

Anhand des Titelblatts (1) einer wissenschaftlichen Arbeit erhält der Leser einen Überblick über den Titel und den Verfasser der Arbeit sowie über den bzw. die Begutachter der Arbeit und die Universität bzw. das Institut, an dem die Arbeit geschrieben wurde. Das Titelblatt steht an erster Stelle und dient somit dem Einstieg in die wissenschaftliche Arbeit. Bereits oder vornehmlich für das Titelblatt gilt, dass der erste Eindruck zählt. Der Aufbau und die Übersichtlichkeit der Titelseite können bereits Aufschluss über die Arbeitsweise des Autors geben. Die Angaben und das Layout sollten daher mit Bedacht gewählt werden. In der Regel existieren Vorlagen an den Instituten zur Erstellung des Titelblatts. Daher sollte auch die Gestaltung des Titelblatts mit dem Betreuer der Arbeit abgesprochen werden.

Auf das Titelblatt folgt das Inhaltsverzeichnis (2), das Aufschluss über die Gliederung und den logischen Aufbau einer Arbeit gibt. Dem Leser dient das Inhaltsverzeichnis als Orientierung über die in der Arbeit enthaltenen Kapitel bzw. Unterkapitel und damit auch über die Schwerpunkte der Arbeit. Es sollte daher formal übersichtlich und einheitlich gestaltet werden. In dem Inhaltsverzeichnis sollten alle Bestandteile der Arbeit enthalten sein. Ausgenommen ist das Titelblatt und ggf. das Vorwort. Alle Kapitelüberschriften, die in der Arbeit erscheinen, müssen im Inhaltsverzeichnis identisch aufgelistet werden. Das bedeutet, dass keine Überschriftenänderungen im Inhaltsverzeichnis vorgenommen werden dürfen.

Bei der Seitenangabe ist zu beachten, dass die Verzeichnisse, die am Anfang der Arbeit stehen, in der Regel mit römischen Zahlen gekennzeichnet werden, wohingegen die Seiten im eigentlichen Fließtext und in den folgenden Anhängen und Verzeichnissen mit arabischen Zahlen nummeriert werden. Abbildung 33 zeigt eine vereinfachte Darstellung eines Inhaltsverzeichnisses.

Inhaltsverzeichnis	Seite
Abbildungsverzeichnis	IV
Tabellenverzeichnis	V
1. Einleitung	1
2. Hauptteil (Gliederungsebene 1)	3
2.1 Unterkapitel 1 (Gliederungsebene 2)	5
2.2 Unterkapitel 2 (Gliederungsebene 2)	7
2.2.1 Unterkapitel 1 (Gliederungsebene 3)	8
2.2.2 Unterkapitel 2 (Gliederungsebene 3)	14
2.2.2 Unterkapitel 3 (Gliederungsebene 3)	17
2.3 Unterkapitel 3 (Gliederungsebene 2)	22
3. Schluss	30
4. Anhang	35
5. Literaturverzeichnis	40
6. Eidesstattliche Erklärung	56

Abb. 33: Inhaltsverzeichnis

Die Anzahl an Kapiteln und Unterkapiteln bzw. Gliederungsebenen sollte dem Umfang und Schwierigkeitsgrad der Arbeit entsprechen und mit dem Betreuer abgesprochen werden. Bei der Untergliederung ist zu beachten, dass eine Gliederungsebene mindestens zwei Kapitel enthalten sollte. Das bedeutet, dass auf ein Unterkapitel 1.1 mindestens ein Unterkapitel 1.2 folgen sollte.

Abkürzungs-, Abbildungs- und Tabellenverzeichnisse ((3)-(5)) geben Auskunft über die in der Arbeit enthaltenen Abkürzungen, Darstellungen und Grafiken, sowie über die aufgeführten Statistiken und Tabellen.

Alle Abkürzungen, die im Text vorkommen, müssen in das Abkürzungsverzeichnis (3) eingetragen werden. Davon ausgenommen sind Abkürzungen, die allgemein bekannt sind (bspw. ›z.B.‹, ›ggf.‹). Zum besseren Verständnis sollten die abzukürzenden Begriffe bei erstmaliger Verwendung im Text zunächst ausgeschrieben werden. Die entsprechende Abkürzung wird in Klammern hinter den Begriff geschrieben und kann anschließend im weiteren Verlauf des Textes übernommen werden. Abkürzungen sollten in der Regel sparsam verwendet werden, da sie den Lesefluss stören.

Alle verwendeten Abbildungen und Tabellen müssen fortlaufend nummeriert, mit einer Bezeichnung, der sog. Legende, versehen (»betitelt«) und im Abbildungsverzeichnis (4) bzw. im Tabellenverzeichnis (5) aufgelistet werden. Dabei werden in den Verzeichnissen der jeweilige Titel und die Seitenangabe der Grafik bzw. der Tabelle genannt.

Abbildungen und Tabellen können die sprachlichen Ausführungen im Fließtext sinnvoll unterstützen und präzisieren. Bei der Verwendung von Abbildungen und Tabellen in der Arbeit sollte allerdings darauf geachtet werden, dass sie sinnvoll in den Text eingebaut werden. Das bedeutet, dass auf den Inhalt der Abbildung bzw. der Tabelle explizit Bezug genommen werden muss. Durch Angabe der Abbildungs- oder Tabellennummer (z. B. ›siehe Abbildung 1‹, ›siehe Tabelle 3‹) kann der Leser auf die entsprechende Abbildung bzw. Tabelle verwiesen werden. Jede Abbildung bzw. jede Tabelle muss mit einer Überschrift und mit einer Quellenangabe (z. B. ›In Anlehnung an ›Quelle‹‹) versehen werden. Handelt es sich um eine eigens erstellte Grafik, kann dies mit der Bezeichnung ›eigene Darstellung‹ dargelegt werden. Bei sehr umfangreichen Darstellungen oder Tabellen ist es empfehlenswert, diese in den Anhang zu stellen, da sie ansonsten den Lesefluss stören können.

Im Anschluss an die Verzeichnisse folgt der Fließtext (6). Die Gliederung des Textes soll im folgenden Abschnitt besprochen werden. An dieser Stelle sei lediglich darauf hingewiesen, dass die Gliederung des Textes mit dem Inhaltsverzeichnis übereinstimmen muss und letzteres daher bei Aktualisierungen (z. B. Seitenangaben, Titeländerungen, etc.) stets überprüft werden sollte. Nicht selten werden Kapitel ausgeweitet oder verkürzt, ohne dass das Inhaltsverzeichnis entsprechend angepasst wird. Die Folge ist, dass die Seitenangaben im Inhaltsverzeichnis nicht mehr mit den tatsächlichen Seitenzahlen übereinstimmen.

Im Anhang (7) werden alle Dokumente eingefügt, die nicht im Fließtext verwendet wurden, die aber für das Verständnis der Arbeit relevant sind. Dabei kann es sich beispielsweise um Umfragebögen oder um Leitfäden für durchgeführte Interviews handeln. Diese Dokumente sind in der Regel zu umfangreich, um sie in den Fließtext einzubauen und werden daher im Anhang beigefügt. Auch der Anhang wird nummeriert und im Inhaltsverzeichnis angeführt. Allerdings wird er bei der Bemessung des Arbeitsumfangs nicht einberechnet.

Im Literaturverzeichnis (8) werden alle in der Arbeit verwendeten Quellen angegeben. Quellen die lediglich zu Hilfe genommen aber nicht im Text verwendet wurden, sind nicht anzugeben. Im Literaturverzeichnis wird in alphabetischer Reihenfolge vorgegangen. Dabei sind die in Tabelle 22 aufgeführten Punkte anzugeben.

Tab. 22: Literaturverzeichnis

Angabe	Beschreibung
Autorennamen	Es müssen alle Autoren der verwendeten Quelle genannt werden. Bei mehreren Autoren ist die Namenreihenfolge aus der Quelle zu übernehmen.
Jahr	Das Jahr der Veröffentlichung der Quelle ist hierbei anzugeben. Hat der Verfasser im gleichen Jahr mehrere Arbeiten veröffentlicht, kann dies durch Buchstaben in alphabetischer Reihenfolge gekennzeichnet werden.
Titel und ggf. Untertitel	Der Titel der Quelle ist exakt und getreu der Vorgabe zu übernehmen.
Verlag	Der Name des herausgebenden Verlags ist zu übernehmen.
Ort(e)	Der Ort, an dem die Quelle veröffentlicht wurde, ist anzugeben.
Seitenangaben	Bei Artikeln aus Sammelwerken oder Zeitschriften ist die Seitenzahl des gesamten Artikels anzugeben.
Jahrgang, Heftnummer	Handelt es sich bei der Quelle um einen Artikel aus einer Zeitschrift, muss der Jahrgang des gewählten Hefts und die Heftnummer angegeben werden.

Im Folgenden werden einige Beispiele für die häufigsten bibliographischen Varianten genannt:

Monographien (Selbstständige Publikation):

Nachname, Vorname; Nachname, Vorname (Jahr): Titel, Auflage, Ort: Verlag.

Bsp.:
Helfrich, Hede (2016): Wissenschaftstheorie für Betriebswirtschaftler, Wiesbaden: Springer, Gabler.

Goldenstein, Jan; Hunoldt, Michael; Walgenbach, Peter (2018): Wissenschaftliche(s) Arbeiten in den Wirtschaftswissenschaften. Themenfindung – Recherche – Konzeption – Methodik – Argumentation, Wiesbaden: Springer Gabler.

Raffée, Hans (1979a): Marketing und Umwelt, Stuttgart: Poeschel.

Raffée, Hans (1979b): Wissenschaftstheoretische Grundfragen der Wirtschaftswissenschaften, München: Vahlen.

Aufsätze in Sammelbänden:

Nachname, Vorname; Nachname, Vorname (Jahr): Titel, in: Nachname, Vorname; Nachname, Vorname (Hrsg.): Titel, Auflage, Ort: Verlag, S. xxx-xxx.

Bsp.:
Schwaiger, Manfred; Starke, Stephanie (2011): Auf dem Weg zu wissenschaftlicher Leistung, in: Schwaiger, Manfred; Meyer, Anton (Hrsg.): Theorien und Methoden der Betriebswirtschaft, München: Franz Vahlen, S. 2-12.

Aufsätze in Zeitschriften:

Nachname, Vorname; Nachname, Vorname (Jahr): Titel, in: Zeitschrift, Heftnummer, Jahrgang, S. xxx-xxx.

Bsp.:
Kaplan, Robert S.; Norton, David P. (1993): Putting the Balance Scorecard to Work, in: Harvard Business Review, 5. Ausgabe, 71. Jahrgang, S. 134-147.

Internetquellen:

Nachname, Vorname (Jahr – falls vorhanden): Titel, (in: Artikel, - falls vorhanden) Webseite; zuletzt geöffnet: Datum

Bsp.:
Schulte, Frank P. (2014): Die Bedeutung und Erfassung des Erwerbs von Theorie-Praxis-/Praxis-Theorie-Transferkompetenz im Rahmen eines dualen Studiums. http://stifterverband.de/pdf/hds-essen-transferkompetenz.pdf; zuletzt geöffnet: 15.08.2019

Für Abschlussarbeiten und teilweise auch für Seminararbeiten wird eine eidesstattliche Erklärung (9) gefordert. In dieser versichert der Studierende, dass er die Arbeit eigenständig angefertigt und dabei die wissenschaftlichen Anforderungen befolgt hat. Für die eidesstattliche Erklärung gibt es in der Regel Vorlagen an den Instituten, die der Autor für seine Arbeit übernehmen kann.

Gliederung

Im Folgenden soll nun die Gliederung der wissenschaftlichen Arbeit näher betrachtet werden, die sich lediglich auf den Fließtext der Arbeit bezieht. Der Textteil besteht, wie es bereits unter dem Stichpunkt ›Inhaltsverzeichnis‹ ersichtlich wurde, aus einer Einleitung, einem Hauptteil und einem Schlussteil. Im Folgenden sollen daher alle drei Bereiche im Einzelnen besprochen werden. Dabei sei zunächst erwähnt, »dass aufgrund des Erkenntnisinteresses verschiedener Arten wissenschaftlicher Arbeiten naturgemäß einzelnen Teilen wissenschaftlicher Arbeiten eine stärkere Bedeutung zukommt.« (Goldenstein et al. (2018), S. 143) Während in theoretisch-konzeptionellen und in empirisch-quantitativen Arbeiten dem Theorieteil eine stärkere Bedeutung zukommt, ist es bei empirisch-qualitativen Arbeiten der Ergebnisteil, der die Ergebnisse der empirischen Erhebung darstellt (▶ Abb. 34).

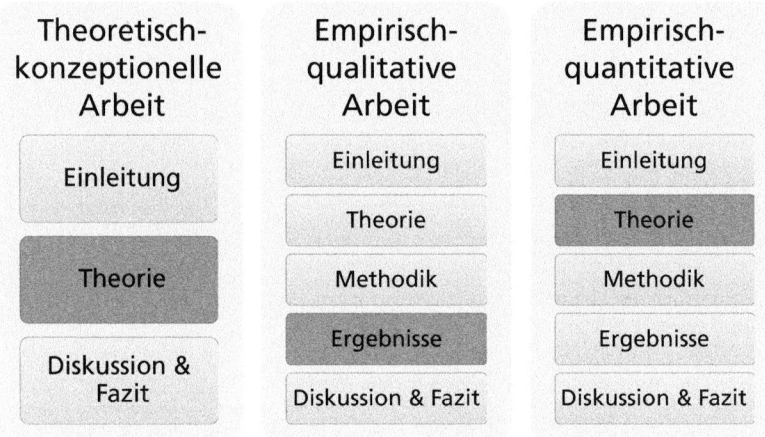

Abb. 34: Gliederung verschiedener Arten wissenschaftlicher Arbeiten (Quelle: In Anlehnung an Goldenstein et al. (2018), S. 143)

Die Einleitung des Texts dient im Wesentlichen der Darstellung des Themas, des Zieles, der Methodik sowie des Aufbaus der Arbeit. Sie sollte daher die in der folgenden Tabelle genannten Punkte enthalten.

Tab. 23: Einleitung (Quelle: Eigene Darstellung in Anlehnung an Heister/ Weßler-Poßberg (2011), S. 43 f.)

Formulierung des Themas bzw. der Fragestellung	In der Einleitung sollen zunächst das Thema und die zentrale Fragestellung formuliert werden. Dem Leser soll der Gegenstand der vorliegenden Arbeit in möglichst präziser und knapper Form dargestellt werden, so dass er einen angemessenen Einblick in die Thematik erhält. Die zentrale Forschungsfrage dient dem Leser anschließend als roter Faden für die Arbeit.
Darstellung des Zieles der Arbeit	Der Verfasser der Arbeit sollte in der Einleitung das Ziel der Arbeit formulieren. Welches Ziel wird mit dem Forschungsprojekt verfolgt?
Einordnung in den wissenschaftlichen Kontext	In der Einleitung sollte der Verfasser auf den Stand der Forschung eingehen und dem Leser veranschaulichen, inwiefern seine Arbeit in diesen wissenschaftlichen Kontext eingeordnet werden kann. Somit erhält der Leser eine Vorstellung über die wissenschaftliche Relevanz der Arbeit, die ein wesentliches Qualitätskriterium für wissenschaftliche Arbeiten darstellt.

Tab. 23: Einleitung (Quelle: Eigene Darstellung in Anlehnung an Heister/ Weßler-Poßberg (2011), S. 43 f.) – Fortsetzung

Formulierung der wesentlichen Fragen bzw. Hypothesen	Durch die Einordnung in einen wissenschaftlichen Kontext werden in der Regel Fragen oder Hypothesen formuliert. Diese gilt es, anhand der Arbeit zu beantworten bzw. zu überprüfen. Diese Fragen bzw. Hypothesen sollten ebenfalls in der Einleitung genannt werden.
Eingrenzung des Themas	In diesem Bereich können Aspekte ausgeklammert werden, die von der vorliegenden Arbeit nicht beantwortet werden. Dies kann in Fällen sinnvoll sein, in denen sich der Verfasser auf ausgewählte und sehr spezifische Aspekte oder Merkmale eines Realphänomens konzentriert (bspw. auf eine bestimmte Unternehmensform, auf eine ausgewählte Menschengruppe, etc.). Anhand der Ausklammerungen kann das Thema dem Umfang der Arbeit entsprechend eingegrenzt werden.
Darstellung der Methodik	Dem Leser der Arbeit sollte die methodische Vorgehensweise in komprimierter Form dargestellt werden. Wie für alle genannten Punkte gilt, dem Leser lediglich einen Einblick zu verschaffen.
Erläuterung der Gliederung und Vorgehensweise	In diesem Bereich soll dem Leser in konzentrierter Form der Inhalt der einzelnen Kapitel und somit der Aufbau der Arbeit dargestellt werden.

Je nach Umfang der wissenschaftlichen Arbeit, können einzelne dieser Punkte bereits als Unterkapitel ausführlich oder in stark komprimierter Form in einer Gliederungsebene dargestellt werden. Für Seminararbeiten reicht in der Regel die komprimierte Form aus. Bei Abschlussarbeiten kann bspw. der Punkt ›Einordnung in den wissenschaftlichen Kontext‹ ein gesamtes Unterkapitel ausfüllen. Diese Entscheidung kann im Zweifelsfall mit dem Betreuer der Arbeit abgestimmt werden.

Der Einleitung schließt sich der Hauptteil der Arbeit an. Wie der Name bereits andeutet, wird in diesem Bereich der wesentliche Inhalt der Arbeit dargestellt. Dabei sollte im gesamten Fließtext ein ›roter Faden‹ erkennbar sein. Anhand des bereits besprochenen Inhaltsverzeichnisses erhält der Leser einen Eindruck über die Gliederung des Hauptteils. Sie sollte daher möglichst präzise und zweckmäßig organisiert sein. Zweckmäßig bedeutet dabei, dass jeder Gliederungspunkt und damit jede Überschrift einen Zusammenhang zum Inhalt des jeweiligen Kapitels erkennen lässt (vgl. Heister/ Weßler-Poßberg (2011), S. 4). Die Herausforderung bei der Gliederung des Hauptteils besteht darin, ein sinnvolles Maß an Gliederungs- und Untergliederungspunkten zu finden. Zu viele Gliederungspunkte können die Arbeit unübersichtlich und zu wenige Gliederungspunkte können sie zu oberflächlich erscheinen lassen. Eine entscheidende Rolle bei der Gliederung des Hauptteils spielt die Gewichtung der unterschiedlichen Abschnitte. Autoren sollten sich daher bereits in der Planungsphase Gedanken darüber machen, welche Abschnitte welche Relevanz für ihre Arbeit haben. Den Vorüberlegungen entsprechend können sie den Umfang der Kapitel ermessen. Dabei können sie den einzelnen Kapiteln, je nach Gewichtung, eine bestimmte Anzahl an Seiten zuweisen und damit eine Struktur für den Schreibprozess schaffen. Gibt es Vorgaben für den Gesamtumfang der Arbeit, sollte diese in die Planung einbezogen werden. Als gute Orientierung dienen bereits veröffentlichte Abschlussarbeiten und Dissertationen.

Bei der Gliederung des Hauptteils muss zudem zwischen theoretisch-konzeptionellen, empirisch-qualitativen und empirisch-quantitativen Arbeiten unterschieden werden (▶ Abb. 34):

- »Theoretisch-konzeptionelle Arbeiten dienen der Schließung konzeptioneller Lücken (fehlender Erklärungen) durch Entwicklung von Konzepten, Modellen und/ oder Theorien bzw. Übertragung dieser auf neue Sachverhalte.« (Goldenstein et al. (2018), S. 85) Demnach wird anhand der leitenden Forschungsfrage die bestehende Literatur analysiert, um den Stand der Forschung aufzuarbeiten und um neue Erkenntnisse zu gewinnen (vgl. Goldenstein et al. (2018), S. 85). Dementsprechend besteht der Hauptteil der wissenschaftlichen Arbeit prinzipiell ausschließlich aus theoretischem Inhalt. Die Aufgabe ist es dabei, den eigenen »theoretischen Beitrag klar und deutlich herauszuarbeiten und aufzuzeigen, zu welcher theoretischen Diskussion« (Goldenstein et al. (2018), S. 89) beigetragen wird.
- Das Ziel empirisch-qualitativer Arbeiten ist es, mit Hilfe von Untersuchungen und Erhebungen, Realphänomene zu beschreiben und zu erklären. Für die wissenschaftliche Arbeit bedeutet dies, dass neben dem Theorieteil noch ein Abschnitt zur Methodik und zu den Ergebnissen der durchgeführten Untersuchung verfasst wird. Der Theorieteil des Hauptteils dient demnach der Einführung des Lesers in die theoretischen Konzepte, auf der die Untersuchung basiert. Die Theorie dient in qualitativen Studien zumeist als Rahmen für die empirische Untersuchung. Im Anschluss an den Theorieteil muss die angewandte Methodik beschrieben und begründet werden. Werden bspw. Interviews durchgeführt, sollten an dieser Stelle der den Interviews zugrunde liegende Fragebogen und die befragten Personen vorgestellt werden. Auch Programme zur Datenauswertung können in diesem Abschnitt präsentiert werden. Die Ergebnisse der Untersuchung sollten dann im letzten Abschnitt des Hauptteils nachvollziehbar, anschaulich und argumentativ dargestellt werden. Der Einsatz von Grafiken, Tabellen und Diagrammen kann die Dokumentation deutlich vereinfachen.
- Bei der empirisch-quantitativen Arbeit werden theoretische Modelle bzw. die dem Modell zugrundeliegenden Hypothesen mittels verschiedener Methoden, Techniken und Verfahren überprüft. Sie zeichnet sich durch ihren deduktiven Charakter aus (vgl. Goldenstein et al. (2018), S. 107). Dementsprechend wird dem Theorieteil in empirisch-quantitativen Arbeiten eine wichtigere Rolle beigemessen als in empirisch-qualitativen Arbeiten. Zunächst muss das theoretische Modell bzw. müssen die theoretischen Modelle erläutert werden, bevor sie mittels der Untersuchung überprüft werden. Für die Abschnitte der Methodik

und der Ergebnisse gelten die gleichen Voraussetzungen, wie in empirisch-qualitativen Arbeiten.

Im Schlussteil werden die wesentlichen Ergebnisse der Arbeit zusammengefasst. Dabei sollen keine neuen Aspekte oder Fakten genannt, sondern ausschließlich Aussagen der Arbeit zusammenfassend wiederholt werden. Der Schlussteil dient damit einem Fazit und einer Rekapitulation darüber, inwiefern die in der Einleitung formulierte Fragestellung beantwortet bzw. die Hypothese(n) überprüft werden konnte(n). Im Schlussteil wird somit ein Bezug auf die Einleitung hergestellt.

Der Schlussteil sollte zusätzlich eine Bewertung über die Sinnstiftung der Arbeit enthalten. Dabei sollte der Autor angeben, für welchen Zweck die Ergebnisse seiner Arbeit verwendet werden sollen. Bei anwendungsbezogenen bzw. problemlösungsorientierten Arbeiten handelt es sich hierbei in der Regel um die Handlungsempfehlung, die aus dem Forschungsprojekt herausgearbeitet wurde.

Zusätzlich zur Zusammenfassung kann im Schlussteil ein Ausblick gegeben werden. Der Ausblick gibt an, »welche weiterführenden Fragen die gewonnenen Erkenntnisse aufwerfen.« (Esselborn-Krumbiegel (2014), S. 156) Der Ausblick sollte von den Autoren keinesfalls als mangelnde Recherche über das Themengebiet gedeutet werden. Es ist, ganz im Gegenteil, ein Hinweis darauf, dass er sich mit der Problematik auseinandergesetzt hat, in welcher Weise das Thema weiter erforscht werden könnte bzw. sollte.

Grundsätzlich ist bei der Gliederung darauf zu achten, dass die Abschnitte einen fließenden Übergang haben sollten. Dem Leser wird der Argumentationsgang der Arbeit deutlicher, wenn eine Verbindung zwischen den Kapiteln und Abschnitten hergestellt wird.

Exkurs: Wissenschaftliche Publikationen

Neben der wissenschaftlichen Arbeit, die für das Studium erforderlich ist, gibt es eine Reihe weiterer Arten wissenschaftlicher Publikationen. An dieser Stelle soll der Aufbau von wissenschaftlichen Artikeln bzw. Aufsätzen (englisch: paper) dargestellt werden, die auf empirischen Untersuchungen basieren. Diese Art von wissenschaftlichen Publikationen wird für Berufstätige und Wissenschaftler eine Rolle spielen, die eine wissenschaftliche Arbeit für ihr Unternehmen oder ihre Institution verfassen wollen bzw. sollen oder die ihre Ergebnisse veröffentlichen und der wissenschaftlichen Gesellschaft ihres Fachbereichs darbieten möchten. Wissenschaftliche Artikel werden bekanntlich nicht nur für Zeitschriften und Sammelbände verfasst, sondern ebenfalls für Tagungspublikationen und Konferenzvorträge. Autoren können ihre wissenschaftlichen Artikel in letzterem Fall beim sogenannten ›call for papers‹ einreichen. Die Artikel dienen anschließend bei der Tagung oder Konferenz als Diskussionsgrundlage.

Wissenschaftliche Artikel weisen einen ähnlichen strukturellen Aufbau wie wissenschaftliche Arbeiten für das Studium auf. Dennoch gibt es einzelne Besonderheiten, die folgend in Kürze dargestellt werden sollen.

> **Wissenschaftliche Aufsätze haben meist die folgende Struktur:**
>
> | Deutsch: | Englisch: |
> |---|---|
> | Zusammenfassung (Abstract) | Abstract |
> | (Schlüsselwörter) | Keywords |
> | Einleitung & Theorie | Introduction & Theory |
> | Methode | Method(ology) |
> | Ergebnisse | Results |
> | Diskussion | Discussion |
> | (Schlussfolgerung) | (Conclusion & Future Research) |
> | Literatur | References |

Die Zusammenfassung (Abstract) enthält alle wesentlichen Informationen des Artikels. Dabei werden neben der Fragestellung, den Hypothesen und der verwendeten Methode auch die wesentlichen Ergebnisse und Schlussfolgerungen der Arbeit dargestellt. Die Darstellung sollte allerdings in der Weise erfolgen, dass der Leser motiviert wird, den gesamten Artikel zu lesen. Die Zusammenfassung sollte daher knapp gehalten werden und nicht allzu tief ins Detail gehen (vgl. Ascheron (2019), S. 92 f.).

In einigen wissenschaftlichen Zeitschriften ist es üblich, nach dem Abstract die wesentlichen Schlüsselwörter (›keywords‹) des Artikels zu nennen. Dies erleichtert die Auffindbarkeit des Artikels über Suchmaschinen, sofern er in elektronischer Form vorliegt (vgl. Ascheron (2019), S. 93).

Die Einleitung dient, wie bei hochschulbezogenen wissenschaftlichen Arbeiten der Formulierung des Themas bzw. der Fragestellung, der Darstellung des Zieles der Arbeit, der Einordnung in den wissenschaftlichen Kontext, der Formulierung der wesentlichen Fragen bzw. Hypothesen und ggf. der Eingrenzung des Themas. Lediglich die Methodik und der Aufbau der Arbeit werden hierbei nicht erläutert.

Die angewandte Methodik wird im folgenden Abschnitt (Methode, ›Method(ology)‹) beschrieben. Auch hierbei gelten die gleichen Kriterien wie für hochschulbezogene Arbeiten. Die Methodik muss nachvollziehbar dargestellt und überprüfbar sein.

Abschließend müssen die Ergebnisse vorgestellt und diskutiert werden. Es gilt, die in der Einleitung formulierte Forschungsfrage zu beantworten und die Hypothese(n) zu überprüfen und dementsprechend zu verifizieren oder zu falsifizieren.

Die Schlussfolgerung stellt im Wesentlichen eine Zusammenfassung des Artikels dar und sollte keine neuen Informationen enthalten. Offen gebliebene Fragen und »Anregungen für zukünftige Arbeiten« (Ascheron (2019), S. 96) können gegeben werden.

Zu jeder wissenschaftlichen Arbeit gehört ein Verzeichnis, in dem die verwendeten Quellen dargelegt werden.

Sofern der Artikel für eine Tagung oder Konferenz verfasst wurde, müssen die Ergebnisse ggf. in einem Vortrag vorgestellt werden. Grundsätzlich gehört es zu der wissenschaftlichen Tätigkeit, die neuen wissenschaftlichen Erkenntnisse der Wissenschaftlergemeinschaft zu präsentieren. Einige grundlegende Kriterien des Präsentierens sollen im folgenden Kapitel dargestellt werden.

4.5 Mündliche Präsentation und Diskussion einer wissenschaftlichen Arbeit

Kernkompetenz Präsentieren

Neben der Ausarbeitung einer schriftlichen Arbeit zählen auch die mündliche Präsentation und die Diskussion einer wissenschaftlichen Arbeit zu den wesentlichen Kernkompetenzen, die während des Studiums erworben werden. Daher ist es empfehlenswert, die Zeit des Studiums zu nutzen, um die Fähigkeiten des Präsentierens auszubauen und zu perfektionieren. Diese Kernkompetenzen werden nicht nur während des Studiums von Nutzen sein, sondern ebenfalls für die anschließende oder studienbegleitende berufliche Tätigkeit. Auch für Berufstätige kann es von Bedeutung sein, ihren Präsentationsstil für Konferenzen oder Tagungen zu verbessern.

Bei der Vorbereitung und Durchführung einer Präsentation werden Kompetenzen auf drei Ebenen erworben: die fachliche Ebene, die methodische Ebene und die soziale Ebene (vgl. Karmasin/ Ribing (2014), S. 148). Diese sollen in Tabelle 24 dargestellt werden.

Tab. 24: Kompetenzebenen des Präsentierens (Quelle: Eigene Darstellung in Anlehnung an Karmasin/ Ribing (2014), S. 148)

Fachliche Ebene	Die fachliche Ebene beschreibt das spezifische Fachwissen, das sich der Referent für seine Präsentation aneignet. Je größer das Fachwissen zu dem Präsentationsthema ist, desto besser wird auch die Präsentation gelingen. In der Vorbereitungsphase der Präsentation werden die Referenten dementsprechend überwiegend Kompetenzen auf der fachlichen Ebene erwerben. Zur fachlichen Kompetenz zählt zudem die Fähigkeit, ein abstraktes Thema für das Publikum verständlich darzustellen und damit greifbar zu machen.
Methodische Ebene	Die methodische Ebene beschreibt die Fähigkeiten, Methoden situationsgerecht anzuwenden. Hierzu zählen zum einen die passende Visualisierung der Präsentationsinhalte (z. B. die Gestaltung einer Powerpoint-Präsentation, das Erstellen eines Handouts, Handzettel, etc.) und zum anderen die grafische Darstellung von Forschungsergebnissen (z. B. Excel Tabellen, Diagramme, etc.).
Soziale Ebene	Die soziale Ebene beschreibt die Fähigkeiten, zuhörergerecht präsentieren zu können. Referenten, die die Inhalte gekonnt präsentieren können und selbstsicher und selbstbewusst auftreten, können ihr Publikum leichter von den wiedergegebenen Inhalten überzeugen, als Referenten, die unsicher sind. Zu einem sicheren Auftreten zählen bspw. eine laute, deutliche Stimme, der gekonnte Einsatz von Mimik und Gestik, eine gerade Körperhaltung und das Vermeiden von Füllworten.

Projekt: Präsentation

Für die mündliche Präsentation und Diskussion einer wissenschaftlichen Arbeit ist, genau wie für das Verfassen einer schriftlichen Arbeit, die adäquate Projektplanung von entscheidender Relevanz. In Abbildung 35 wird der allgemeine Projektablauf einer mündlichen Präsentation dargestellt. So können beim Projekt ›Präsentation‹ folgende vier Phasen unterschieden werden: die Vorbereitung, die Präsentation, die Diskussion und die Nachbereitung.

Abb. 35: Mündliche Präsentation und Diskussion einer wissenschaftlichen Arbeit

☞ **Vorbereitung**

Die erste Phase des Projekts ›Präsentation‹ ist die sogenannte Vorbereitungsphase. Sie dient vornehmlich der Aneignung des spezifischen Fachwissens und der visuellen Aufbereitung der Präsentation. Die Schritte ›Literaturrecherche‹ und ›Exzerpieren‹ sind dabei lediglich für Präsentationen ohne vorangeschaltete schriftliche Arbeit (z. B. Seminararbeit, Masterarbeit) zu beachten. Dies ist bspw. der Fall, wenn in Seminaren Referate gehalten werden müssen. Die Schritte ›Literaturrecherche‹ und ›Exzerpieren‹ gleichen den Phasen der Erstellung einer schriftlichen Arbeit und können daher in Kapitel 4.2 und 4.3 nachgelesen werden.

Nachdem die relevante Literatur recherchiert, gelesen und exzerpiert wurde, müssen im nächsten Schritt die Studienergebnisse zusammengefasst und anschaulich dargestellt, also präsentationsreif gemacht, werden. Dabei ist zu beachten, dass nicht der gesamte Inhalt der Arbeit, sondern lediglich die wesentlichen Punkte wiedergegeben werden müssen. Der Referent sollte bei der Zusammenfassung abwägen, ob eine grafische oder eine schriftliche Darstellung der Ergebnisse angemessener und anschaulicher für das Publikum ist. Hilfreich ist es zudem, prägnante Beispiele in die Darstellung einzubauen. Diese können das Verständnis und die Aufmerksamkeit des Zuhörers erhöhen (vgl. Karmasin/ Ribing (2014), S. 149 ff.)

Anschließend muss eine Struktur für die Präsentation geschaffen werden. Diese ist, wie auch bei einer schriftlichen Arbeit, in Einleitung, Hauptteil und Schlussteil untergliedert.

Die Einleitung dient der Kontaktaufnahme mit dem Publikum. Sie beinhaltet dementsprechend die Begrüßung, die Vorstellung der referierenden Person(en) und die Darstellung des Themas. Zur Vorstellung des Themas zählt auch, den Ablauf der

4.5 Mündliche Präsentation und Diskussion einer wissenschaftlichen Arbeit

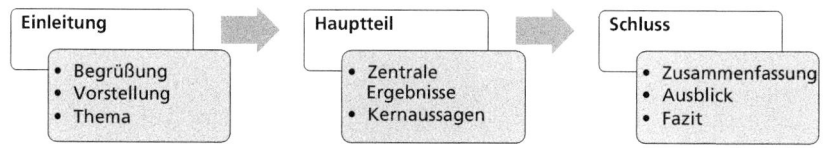

Abb. 36: Struktur einer Präsentation (Quelle: Eigene Darstellung in Anlehnung an Ebster/ Stalzer (2017), S. 142 f.)

Präsentation kurz darzustellen. Dies fördert die Aufmerksamkeit des Publikums (vgl. Ebster/ Stalzer (2017), S. 142).

Im Hauptteil werden zunächst die Theorie des Forschungsthemas und (bei empirischen Arbeiten) die methodische Vorgehensweise vorgestellt. Dabei sollten auch die Forschungsfragen und die abgeleitete(n) Hypothese(n) präsentiert werden. Im Anschluss werden die zentralen Ergebnisse der Arbeit dargestellt. Dabei sollte sich der Referent auf die wesentlichen Aussagen konzentrieren (vgl. Ebster/ Stalzer (2017), S. 142).

Im Schlussteil werden die Aussagen der Arbeit noch einmal zusammengefasst dargestellt. Durch Ausblicke und weiterführende Fragestellungen kann der Referent eine anschließende Diskussion einleiten (vgl. Ebster/ Stalzer (2017), S. 142 f.).

Sobald eine Struktur für die Präsentation aufgestellt wurde, muss sich der Referent entscheiden, ob und über welches Medium er seine Ergebnisse dem Publikum visuell präsentieren möchte. Neben den klassischen Medien wie bspw. Tafel, Overhead-Projektor, Flipcharts und Poster stehen heutzutage die PC-gestützten Medien zur Verfügung. In der Regel greifen Referenten auf das Microsoft-Office-Programm PowerPoint zurück, welches vergleichsweise einfach zu bearbeiten und am anschaulichsten zu gestalten ist. Bei der Erstellung einer PowerPoint-Präsentation sind ein paar Punkte hinsichtlich der Foliengestaltung zu beachten, die in der folgenden Tabelle dargestellt werden sollen (vgl. Karmasin/ Ribing (2014), S. 148):

Tab. 25: Die Gestaltung einer PowerPoint-Präsentation (Quelle: In Anlehnung an Karmasin/ Ribing (2014), S. 148)

Übersichtlichkeit	Die Folien sollten übersichtlich gestaltet werden. Eine unsystematische Gestaltung kann das Publikum vom Zuhören ablenken, da es damit beschäftigt ist, den Folienaufbau zu verstehen. Es empfiehlt sich, nicht allzu viel Inhalt auf eine Folie zu konzentrieren.
Lesbarkeit	Die Schriftart und die Schriftgröße sollten mit Bedacht gewählt werden. Es ist zu empfehlen eine Schriftart und -größe zu wählen, die auch aus der Entfernung gut zu lesen ist. Zudem sollte eine neutrale Hintergrundfarbe gewählt werden, die nicht vom Geschriebenen ablenkt. Auch bei Grafiken und Diagrammen muss auf eine angemessene Größe und Auflösung geachtet werden.

Tab. 25: Die Gestaltung einer PowerPoint-Präsentation (Quelle: In Anlehnung an Karmasin/ Ribing (2014), S. 148) – Fortsetzung

Struktur	Die strukturelle Aufbereitung der Folien spielt eine wesentliche Rolle bei der Gestaltung der Präsentation. Jede Folie sollte eine Überschrift und auch eine Seitenzahl enthalten.
Gliederung	Mithilfe der Überschriften und der angegebenen Seitenzahlen kann die Präsentation gegliedert werden. Es ist zu empfehlen, eine Gliederung an den Anfang der Präsentation zu stellen, anhand derer sich das Publikum orientieren kann.
Layout	Das ausgewählte Layout hat Auswirkungen auf die Punkte ›Übersichtlichkeit‹ und ›Lesbarkeit‹. Daher sollte ein adäquates Layout ausgewählt werden, welches die weiteren Punkte in positiver Weise unterstützt. Zu viele unterschiedliche Farben sollten bspw. vermieden werden, um die Lesbarkeit nicht einzuschränken.
Einheitlichkeit	Sobald ein Layout und eine Folienstruktur gewählt wurden, sollten diese auf alle Folien übertragen werden, um eine Einheitlichkeit in der Präsentation zu schaffen. Dies erleichtert dem Zuhörer die Konzentration auf den mündlich vorgetragenen Inhalt.
Quellenangaben	Wie auch für schriftlich angefertigte wissenschaftliche Arbeiten gilt es, die verwendeten Quellen in der Präsentation anzugeben. Hierbei gelten die gleichen Zitierregeln wie für alle anderen wissenschaftlichen Texte (siehe Kapitel 4.3). Die verwendeten Quellen werden in einem Literaturverzeichnis am Ende der Präsentation dargestellt.

Aus der Tabelle wird erkenntlich, dass das Publikum, welches bei der Präsentation beisitzen wird, bereits in der Vorbereitungsphase in die Planung einbezogen werden muss. Dieser Aspekt gilt auch für die Vorbereitung und das Üben der mündlichen Darbietung. Es ist davon abzuraten, für die Präsentation einen vorgeschriebenen Text auswendig zu lernen oder gar während der Präsentation monoton abzulesen. Der Zuhörer wird dabei die Schwierigkeit haben, der Darbietung konzentriert folgen zu können. Es empfiehlt sich daher, Handzettel vorzubereiten, auf denen lediglich Stichpunkte zu den einzelnen Folien formuliert sind. Das vereinfacht das freie Sprechen und somit auch das Aufrechthalten des Blickkontakts mit dem Publikum.

Grundsätzlich lohnt es sich, die Präsentation mit medialer Unterstützung und zeitlicher Vorgabe mindestens einmal vor dem Präsentationstermin zu üben. So können einerseits Zeit- bzw. Inhaltsschwierigkeiten im Vorfeld ausgebessert werden, andererseits können die Proben Lampenfieber mindern und ein sichereres Auftreten fördern.

Präsentation

Der Ablauf der Präsentation wird durch die zuvor erarbeitete Struktur vorgegeben. Je intensiver die Vorbereitung ist, desto sicherer wird sich der Referent bei der Präsentation fühlen. Folgende Punkte können bei der Präsentation eine wichtige Rolle zur Vermittlung der Inhalte spielen:

Tab. 26: Die Präsentation (Quelle: In Anlehnung an Karmasin/ Ribing (2014), S. 150 ff.)

Kommunikation	• Sprachliche Ausdrucksfähigkeit (langsam und deutlich sprechen, kein monotones Ablesen) • Körpersprache (Mimik und Gestik, Blickkontakt) • Engagement (Begeisterungsfähigkeit für das zu vermittelnde Thema)
Struktur	• Einleitung: Begrüßung, Vorstellung, Thema und Grund der Präsentation, Verlauf und Organisatorisches • Hauptteil: Theorie, Methodische Vorgehensweise, Zentrale Ergebnisse, auf Kernaussagen reduzieren • Schluss: Zusammenfassung, Botschaft, Offene Fragen, Dank für die Aufmerksamkeit, Überleitung zur Diskussion • Übergänge zwischen den Abschnitten gestalten
Vortragsunterlagen/ mediale Gestaltung	• Angemessener Einsatz visueller Hilfsmittel • Passende Visualisierung der Inhalte • Zahlen, Daten, Fakten angeben • Handout • Handzettel
Einbeziehung des Publikums	• Aufmerksamkeit erzeugen (lebenspraktische Relevanz nennen, aktuelle Bezüge einbringen, anschauliche Beispiele nennen, Vergleiche einbringen, Fragen aufwerfen, etc.) • Persönlicher Kontakt zum Publikum (Blickkontakt, Standort des Vortragenden, etc.)

Diskussion

Je nach Art der Präsentation kann eine Diskussion im Anschluss an den Vortrag gefordert sein. Entweder soll diese vom Referenten selbst organisiert und geleitet werden, oder sie wird, im Fall der Verteidigung, vom Betreuer der wissenschaftlichen Arbeit übernommen. In der Diskussion werden offen gebliebene Fragen geklärt, die im Vortrag nicht beantwortet wurden. Zudem haben die Zuhörer in der Diskussion die Möglichkeit, ein Feedback zum Vortrag zu geben. Das Feedback kann sich dabei auf den Inhalt aber auch auf die Präsentationsfähigkeit des Vortragenden beziehen. Dieses Feedback hilft dem Referenten, seine Kompetenzen (auf fachlicher, methodischer und sozialer Ebene) auszubauen und sollte daher mit Dank entgegengenommen werden. Dies setzt allerdings ein konstruktives Feedback seitens der Zuhörer voraus (vgl. Karmasin/ Ribing (2014), S. 160 ff.).

Nachbereitung

In der Nachbereitung der Präsentation kann der Referent Verbesserungsideen sammeln und das Feedback auswerten. Es geht in der Nachbereitung demnach im Wesentlichen darum, Ideen zu sammeln, welche Verbesserungen für zukünftige Präsentationen vorgenommen werden können und wie die Präsentationskompetenzen ausgebaut werden können.

Weiterführende Literatur zu Kapitel 4

Kapitel 4.1:
Balzert, Helmut; Schröder, Marion; Schäfer, Christian (2011): Wissenschaftliches Arbeiten. Ethik, Inhalt & Form wiss. Arbeiten, Handwerkszeug, Quellen, Projektmanagement, Präsentation, 2. Aufl., Herdecke/ Witten.

Kapitel 4.2:
Wergen, Jutta (2015): Promotionsplanung und Exposee, Die ersten Schritte auf dem Weg zur Dissertation, 2. Aufl., Opladen.

Kapitel 4.3:
Ebster, Claus; Stalzer, Lieselotte (2017): Wissenschaftliches Arbeiten für Wirtschafts- und Sozialwissenschaftler, 5., überarb. Aufl., Wien.

Lange, Ulrike (2013): Fachtexte, Lesen - verstehen – wiedergeben, Paderborn.

Kapitel 4.4:
Ebster, Claus; Stalzer, Lieselotte (2017): Wissenschaftliches Arbeiten für Wirtschafts- und Sozialwissenschaftler, 5., überarb. Aufl., Wien.

Goldenstein, Jan; Hunoldt, Michael; Walgenbach, Peter (2018): Wissenschaftliche(s) Arbeiten in den Wirtschaftswissenschaften. Themenfindung - Recherche - Konzeption - Methodik - Argumentation, Wiesbaden.

Kapitel 4.5:
Ascheron, Claus (2019): Wissenschaftliches Publizieren und Präsentieren Ein Praxisleitfaden mit Hinweisen zur Promotion und Karriereplanung, Heidelberg.

Ebster, Claus; Stalzer, Lieselotte (2017): Wissenschaftliches Arbeiten für Wirtschafts- und Sozialwissenschaftler, 5., überarb. Aufl., Wien.

Karmasin, Matthias; Ribing, Rainer (2014): Die Gestaltung wissenschaftlicher Arbeiten, Ein Leitfaden für Seminararbeiten, Bachelor-, Master-, Magister- und Diplomarbeiten sowie Dissertationen, 8. aktualisierte Aufl., Wien.

Literatur- und Quellenverzeichnis

Monographien

Ascheron, Claus (2019): Wissenschaftliches Publizieren und Präsentieren Ein Praxisleitfaden mit Hinweisen zur Promotion und Karriereplanung, Heidelberg.

Balzert, Helmut; Schröder, Marion; Schäfer, Christian (2011): Wissenschaftliches Arbeiten. Ethik, Inhalt & Form wiss. Arbeiten, Handwerkszeug, Quellen, Projektmanagement, Präsentation, 2. Auflage, Herdecke/ Witten.

Bortz, Jürgen; Döring, Nicola (2006): Forschungsmethoden und Evaluation. Für Human- und Sozialwissenschaftler, 4., überarb. Aufl., [Nachdr.], Heidelberg.

Bünting, Karl-Dieter; Bitterlich, Axel; Pospiech, Ulrike (2000): Schreiben im Studium: mit Erfolg. Ein Leitfaden, Berlin.

Cendon, Eva; Elsholz, Uwe; Speck, Karsten; Wilkesmann, Uwe; Nickel, Sigrun (2020): Wissenschaftliche Weiterbildung an Hochschulen: Herausforderungen und Handlungsempfehlungen Ergebnisse der wissenschaftlichen Begleitung des Bund-Länder-Wettbewerbs: »Aufstieg durch Bildung: offene Hochschulen«, Oldenburg

Dechange, André (2020): Projektmanagement - Schnell erfasst, Berlin.

Diekmann, Andreas (2018): Empirische Sozialforschung, Grundlagen, Methoden, Anwendungen. Originalausgabe, vollständig überarbeitete und erweiterte Neuausgabe, 12. Auflage., Reinbek bei Hamburg.

DIN (Hrsg.) (2009): DIN 69901-5 Projektmanagement – Projektmanagementsysteme – Teil 5: Begriffe, Berlin.

Ebster, Claus; Stalzer, Lieselotte (2017): Wissenschaftliches Arbeiten für Wirtschafts- und Sozialwissenschaftler, 5., überarb. Aufl., Wien.

Eisend, Martin; Kuß, Alfred (2017): Grundlagen empirischer Forschung. Zur Methodologie in der Betriebswirtschaftslehre, Wiesbaden.

Esselborn-Krumbiegel, Helga (2014): Von der Idee zum Text. Eine Anleitung zum wissenschaftlichen Schreiben, 4., aktualisierte Aufl., Paderborn, Stuttgart.

Esser (Hsg.) (1977): Wissenschaftstheorie. Grundlagen und Analytische Wissenschaftstheorie, Stuttgart.

Goldenstein, Jan; Hunoldt, Michael; Walgenbach, Peter (2018): Wissenschaftliche(s) Arbeiten in den Wirtschaftswissenschaften. Themenfindung - Recherche - Konzeption - Methodik - Argumentation, Wiesbaden.

Heister, Werner; Weßler-Poßberg, Dagmar (2011): Studieren mit Erfolg: wissenschaftliches Arbeiten für Wirtschaftswissenschaftler, 2., überarb. und erw. Aufl., Stuttgart.

Helfrich, Hede (2016): Wissenschaftstheorie für Betriebswirtschaftler, Wiesbaden.

Karmasin, Matthias; Ribing, Rainer (2014): Die Gestaltung wissenschaftlicher Arbeiten. Ein Leitfaden für Seminararbeiten, Bachelor-, Master- und Magisterarbeiten sowie Dissertationen. 8., aktualisierte Aufl. Wien.

Klein, Andrea (2018): Wissenschaftliches Arbeiten im dualen Studium, München.

Konegen, Norbert; Sondergeld, Klaus (1985): Wissenschaftstheorie für Sozialwissenschaftler: Eine problemorientierte Einführung, Opladen.

Kornmeier, Martin (2007): Wissenschaftstheorie und wissenschaftliches Arbeiten. Eine Einführung für Wirtschaftswissenschaftler, Heidelberg.

Kriz, Jürgen; Lück, Helmut; Heidbrink, Horst (1990): Wissenschafts- und Erkenntnistheorie. Eine Einführung für Psychologen und Humanwissenschaftler, Opladen.

Kromrey, Helmut (2009): Empirische Sozialforschung: Modelle und Methoden der standardisierten Datenerhebung und Datenauswertung, 12. Aufl., München.

Kuhn, Thomas (1996): Die Struktur wissenschaftlicher Revolutionen, 13. Auflage, Frankfurt am Main.

Lange, Ulrike (2013): Fachtexte. Lesen - verstehen – wiedergeben, Paderborn.

Madauss, Bernd-J. (2017): Projektmanagement: Theorie und Praxis aus einer Hand, 7. Auflage, Berlin, Heidelberg.

Meyer, Helga; Rehe, Heinz-Josef (2020): Projektmanagement. Von der Definition über die Projektplanung zum erfolgreichen Abschluss, 2. überarbeitete Auflage, Wiesbaden.

Oehlrich, Marcus (2015): Wissenschaftliches Arbeiten und Schreiben. Schritt für Schritt zur Bachelor- und Master-Thesis in den Wirtschaftswissenschaften, Berlin, Heidelberg.

Peters, Stephan (2012): Promotionsratgeber. Best Practice für Promovierende. 1. Auflage, Wiesbaden.

Pfriem, Reinhard (2004): Heranführung an die Betriebswirtschaftslehre, 2. Erweiterte Auflage, Marburg.

Plümper, Thomas (2012): Effizient schreiben. Leitfaden zum Verfassen von Qualifizierungsarbeiten und wissenschaftlichen Texten, 3. Auflage, München.

Popper, Karl R. (1994): Logik der Forschung, 10. verb. und verm. Auflage, Tübingen.

Raffée, Hans (1974): Grundprobleme der Betriebswirtschaftslehre, 7. unveränd. Nachdr. der 1. Aufl., Göttingen.

Raffée, Hans; Abel, Bodo (Hsg.) (1979): Wissenschaftstheoretische Grundfragen der Wirtschaftswissenschaften, München.

Rasche, Christoph (2017): unveröffentlichtes Skript zum MBA-Modul: Wissenschaftliches Arbeiten, Management Research, Scientific Writing, Oral Presentation (PowerPoint-Präsentation), Potsdam (2017).

Schnell, Rainer; Hill, Paul Bernhard; Esser, Elke (2018): Methoden der empirischen Sozialforschung, 11. Überarb. Aufl., Berlin, Boston.

Schülein, Johann August; Reitze, Simon (2012): Wissenschaftstheorie für Einsteiger, 3. Auflage, Wien.

Schulte, Frank P. (2014): Die Bedeutung und Erfassung des Erwerbs von Theorie-Praxis-/Praxis-Theorie-Transferkompetenz im Rahmen eines dualen Studiums. http://stifterverband.de/pdf/hds-essen-transferkompetenz.pdf; zuletzt geöffnet: 15.08.2019

Weber, Daniela (2015): Wissenschaftliches Arbeiten für Wirtschaftswissenschaftler: Untersuchungen planen, durchführen und auswerten, Weinheim.

Wergen, Jutta (2015): Promotionsplanung und Exposee. Die ersten Schritte auf dem Weg zur Dissertation, 2. Aufl., Opladen.

Beiträge aus Sammelwerken

Beek, Markus; Hennig, Carsten; Kuhlenkasper, Torben; Lang, Karlheinz Christian; Rhode, Katharina; Stock, Steffen; Weidmann, Dagmar (2018): Literaturrecherche in: Stock, Steffen; Schneider, Patricia; Peper, Elisabeth; Molitor, Eva (Hsg.): Erfolgreich wissenschaftlich arbeiten: Alles, was Studierende wissen sollten, Berlin, Heidelberg, S. 58-62.

Bohlinger, Sandra; Schneider, Patricia; Stock, Steffen (2018): Bewertungskriterien, in: Stock, Steffen; Schneider, Patricia; Peper, Elisabeth; Molitor, Eva (Hsg.): Erfolgreich wissenschaftlich arbeiten: Alles, was Studierende wissen sollten, Berlin, Heidelberg, S. 10-15.

Ennen, Marten; Gräske, Johannes; Lang, Karlheinz Christian; May, Johanna Friedrike; Mohring, Siegrun (2018): Literaturverwaltung, in: Stock, Steffen; Schneider, Patricia; Peper, Elisabeth; Molitor, Eva (Hsg.): Erfolgreich wissenschaftlich arbeiten: Alles, was Studierende wissen sollten, Berlin, Heidelberg, S. 63-68

Kuhlenkasper, Torben; Möller, Svenja; Schmidt, Annika; Stock, Steffen; Walter, Marcel; (2018): Erkenntnisgewinn, in: Stock, Steffen; Schneider, Patricia; Peper, Elisabeth; Molitor, Eva (Hsg.): Erfolgreich wissenschaftlich arbeiten: Alles, was Studierende wissen sollten, Berlin, Heidelberg, S. 18-22.

Raffée, Hans; Abel, Bodo (1979): Aufgaben und aktuelle Tendenzen der Wissenschaftstheorie in den Wirtschaftswissenschaften, in: Raffée, Hans; Abel, Bodo (Hrsg.): Wissenschaftstheoretische Grundfragen der Wirtschaftswissenschaften, München, S. 1-10.

Schwaiger, Manfred; Starke, Stephanie (2011): Auf dem Weg zu wissenschaftlicher Leistung, in: Schwaiger, Manfred; Meyer, Anton (Hrsg.): Theorien und Methoden der Betriebswirtschaft, München, S. 2-12.

Stock, Steffen (2018): Projektmanagement, in: Stock, Steffen; Schneider, Patricia; Peper, Elisabeth; Molitor, Eva (Hsg.): Erfolgreich wissenschaftlich arbeiten: Alles, was Studierende wissen sollten, Berlin, Heidelberg, S. 44-47.